Hänen jalkojensa juuressa

1. osa

Hänen jalkojensa juuressa

1. osa

Amman opetuksia mietiskelemässä

Swami Paramatmananda Puri

Mata Amritanandamayi Center, San Ramon
Kalifornia, Yhdysvallat

Hänen jalkojensa juuressa – 1. osa
Amman opetuksia mietiskelemässä
Swami Paramatmananda

Julkaisija:
Mata Amritanandamayi Center
P.O. Box 613
San Ramon, CA 94583
Yhdysvallat

———————————— *The Dust of Her Feet (Finnish)* —————————

Ensimmäinen painos: maaliskuu 2017

Yhteystiedot Suomessa löytyvät sivuilta:
www.amma.fi

Intiassa:
inform@amritapuri.org
www.amritapuri.org

SISÄLTÖ

OMISTUS

Tervehdys
Sri Mata Amritanandamayi Deville,
universaalille Äidille,
maailman kärsimyksen lievittäjälle,
opuslastensa pimeyden poistajalle,
Hänelle joka ilmentää
sydämessä asustavaa ikuista tietoisuutta,
joka loistaa transsendenttisena totuutena,
joka läpäisee tämänpuoleisen
ja tuonpuoleisen maailman.

ESIPUHE

Swami Paramatmananda Puri on viettänyt vuodesta 1968 alkaen maailmasta luopuneen *sanjaasin* elämää Intiassa, minne hän muutti jo yhdeksäntoistavuotiaana voidakseen tutustua tähän ikivanhaan henkiseen perinteeseen. Hän on ollut onnekas saadessaan olla useiden pyhimysten ja tietäjien seurassa, kunnes hän tapasi lopulta vuonna 1979 oman Gurunsa, Mata Amritanandamayin.

Kun *swami*[1] tapasi Äiti Amman ensi kerran, hän kysyi, kuinka hänen tulisi jatkaa *sadhanaansa*, henkisiä harjoituksiaan, silloin Amma vastasi:

"Ole kuin tomu ihmisten jalkojen alla."

Tästä syntyi tämän kirjan englanninkielinen nimi, *Dust of Her Feet*,[2] suomeksi *Hänen jalkojensa juuressa*.

Lopulta Amma pyysi tätä vanhimpiin opetuslapsiinsa kuuluvaa swamia palaamaan Yhdysvaltoihin, jotta hän voisi työskennellä ensimmäisen länsimaisen *ashramin*, Kalifornian Mata Amritanandamayi –keskuksen johtajana. Hän johtikin Kalifornian Amma-keskusta vuodesta 1990 vuoteen 2001 asti.

Monien pysyvien asukkaiden ja vierailijoiden muistoissa swamin *ashramissa* pitämät puheet olivat keskuksen toiminnan kohokohtia. Puheissaan hän kertoi kokemuksistaan Intiassa, omasta henkisestä polustaan ja tulkitsi pyhiä kirjoituksia ja Amman opetuksia. Hänen viisaissa ja huumorintajuisissa puheissaan

---

[1] *Swami* tarkoittaa intialaisen henkisen perinteen, hindulaisuuden, mukaan vihittyä munkkia.

[2] Koska *Dust of Her Feet* ei käänny kauniisti suomen kielelle, olemme antaneet tekijän luvalla kirjalle nimeksi *Hänen jalkojensa juuressa*. Suomenkielinen nimi kuvastaa sitä miten henkinen oppilas vastaanottaa henkisen opetuksen mestariltaan istumalla hänen jalkojensa juuressa.

yhdistyvät idän ja lännen henkiset perinteet, minkä vuoksi hänen opetuksensa puhuttelevat hyvin erilaisia ihmisiä.

Vaikka swami ei olekaan pitänyt julkisia puheita sen jälkeen, kun hän palasi Intiaan vuonna 2001, hänen *satsangejaan*, puheitaan ei ole juurikaan julkaistu. Tämän kirjan tarkoituksena on saattaa julkisuuteen pieni osa tuosta aineistosta ja muutamia hänen artikkeleitaan, jotka hän on kirjoittanut Intiaan paluunsa jälkeen.[3]

Julkaisija
M. A. Center
1. syyskuuta 2014

---

[3] Koska kirjan kappaleet ovat olleet alun pitäen olleet puheita, niiden siirtäminen kirjan muotoon on vaatinut tyylin eheyttämistä. Niinpä suomenkielinen käännös on toimitettu Swami Paramatmanandan luvalla näkökulmaltaan ja tyyliltään ehyeksi, muuttamatta kuitenkaan tekstin merkityssisältöä. Samalla tekstiin on liitetty alaviitteitä, joissa selitetään sanskritin kielisten termien merkitystä sellaiselle lukijalle, joka ei ole tutustunut intialaiseen henkiseen perinteeseen. Myös suomenkielisten lainausten lähde on lisätty alaviitteeseen. – Suomenkielisen laitoksen toimittaja

1. LUKU

Parhain esimerkki

Mitä kynttilä saa polttaessaan itsensä loppuun? Ei mitään. Sen elämän tarkoituksena on antaa valoa toisille. Puut ovat samankaltaisia. Ne ottavat vastaan auringon kuumuuden ja lahjoittavat varjon viileyden heille, jotka lepäävät niiden varjossa. Myös hedelmäpuu antaa hedelmänsä toisille. Puu lahjoittaa itsensä jopa heille, jotka kaatavat sen saadakseen siten polttopuuta tai rakennustarpeita. Meidän ihmisten on vaikeaa ymmärtää sitä, miten joku voi elää noin epäitsekkäästi. Olemme yleensä itsekkäitä, silti on olemassa muutamia harvoja, jotka elävät epäitsekkäästi – heidän elämässään on jotakin yli-inhimillistä. He tulevat tähän maailmaan johdattaakseen muita siihen autuaaseen tietoisuudentilaan, jossa he elävät. Heidän elämänsä on jatkuvaa uhrausta. He käyttävät aikansa, elinvoimansa, vapautensa, lepohetkensä, terveytensä ja yksityisyytensä voidakseen lahjoittaa meille mielenrauhan ja osoittaakseen meille kuinka voimme saavuttaa tuon saman tilan, jossa he jo elävät. Aluksi he saattavat täyttää toiveemme ja poistaa kärsimyksemme ja pelkomme, mutta lopulta heidän tarkoituksensa on herättää meidät pitkästä *mayan*, harhan unesta epäitsekkääseen elämään *Atmanissa,* [1] Itsessä. Tämä

---

[1] *Atman* tarkoittaa Itseä, puhdasta tietoisuutta meissä. Joogan mukaan meidän rakenteemme on kolmitasoinen, meillä on 1. fyysinen keho (*deha*), 2. mieli (*citta*) ja 3. tietoisuus (*Atman*). Kun tietoisuutemme samastuu mieleemme ja kehoomme, syntyy ego (*ahamkara*), jota luulemme erheellisesti omaksi itseksemme. Henkisten harjoitusten tarkoituksena on puhdistaa

saattaa viedä hyvin pitkän ajan ja paljon voimavaroja, mutta juuri tässä ilmenee heidän elämänsä ainutlaatuinen tarkoitus. Tämä saattaa vaikuttaa meistä teoreettiselta kunnes tapaamme Amman kaltaisen ihmisen. Hänenlaisena olennot laskeutuvat maailmaan todella harvoin ja olemme tavattoman, käsittämättömän onnekkaita saadessamme viettää aikaa hänen seurassaan. Amma on parhain esimerkki lukemattomille seuraajilleen. On vaikeata kuvitella, että ihmiskunnan historiassa olisi koskaan ollut Amman kaltaista esimerkkiä ja hänen ylivertaisten ominaisuuksiensa takia emme voi koskaan edes toivoa voivamme jäljitellä häntä kovinkaan suuressa mittakaavassa. Silti on olemassa luonteenpiirteitä, joita voimme pyrkiä kehittämään itsessämme. Yksi tärkeimmistä on epäitsekkyys. Amman elämä on jatkuvaa epäitsekkyyden ilmentämistä.

Ponnistelumme eivät ole koskaan hyödyttömiä

Sanotaan, että se mikä on luontaista *mahatmalle*,[2] suurelle sielulle, sitä meidän muiden tulee pyrkiä kehittämään itsessämme. Tavoitellessamme tätä virittäydymme asteittain *mahatman* tietoisuudentilaan ja pääsemme näin nauttimaan hänen autuudestaan ja rauhastaan. Nykyisestä itsekkäästä elämästämme on melkoinen hyppäys hänen universaaliin epäitsekkyyteensä, mutta se on silti mahdollista. Valitettavasti suurimmalla osalla ihmisistä, joita tapaamme ja joiden kanssa vietämme aikaamme, on harvoja jäljittelemisen arvoisia luonteenpiirteitä ja useimmat meistä

mieli, joka kulminoituu egon tuhoutumiseen, silloin oivallamme Itsen, joka on yhtä maailmankaikkeuden sielun, Jumalan kanssa. Tätä tapahtumaa kutsutaan Itseoivallukseksi, Jumaloivallukseksi tai valaistumiseksi. Intian henkisen perinteen mukaan tämän korkeimman oivalluksen saavuttaminen on ihmiselämän päämäärä.

[2] *Mahatma*, kirjaimellisesti suuri sielu, on nimitys, jota Intiassa käytetään Itseoivalluksen saavuttaneista, valaistuneista pyhimyksistä.

omaksuvat vääränlaisia tapoja läheisiltään. Mutta jos etenemme edes hieman henkisellä polullamme, kun vietämme aikaa hyvässä seurassa, kehityksemme ei mene koskaan hukkaan. Niin kuin Krishna sanoo *Bhagavad-Gitassa:*

"Tällä polulla ponnistus ei mene hukkaan eikä huonoja seurausvaikutuksia ilmene. Pienikin määrä henkisyyden harjoitusta suojaa sinut suurelta pelolta." [3]

– Bhagavad-Gita II:40

Kun iäkäs nainen kuoli, hänen sielunsa kohosi Yaman, kuoleman jumalan, luokse. Yaman tehtävänä oli nyt arvioida naisen elämän hyvät ja huonot teot. Hän sai selville, että ainoa hyvä teko, jonka nainen oli tehnyt, oli että hän oli antanut halveksuen porkkanan nälkää näkevälle kerjäläiselle. Niinpä porkkana kutsuttiin todistajaksi ja naista pyydettiin tarttumaan siihen. Samassa porkkana alkoi kohota kohti taivaita nostaen naisen mukanaan. Tällöin myös kerjäläisvanhus ilmestyi tapahtumapaikalle, hän tarttui naisen mekon helmaan ja kohosi hänen mukanaan ylöspäin. Kerjäläisen tavoin moni muukin tarrautui heihin ja näin he kaikki kohosivat kohti taivaita yhden ainoan lahjaporkkanan ansiosta. Silloin nainen vilkaisi alapuolelleen ja näki sielujen ketjun, joka roikkui hänen varassaan.

"Päästäkää heti irti! Tämä on *minun* porkkanani!" nainen huusi ja heilautti kättään kaaressa karkottaakseen heidät. Samassa naisparka menetti otteensa porkkanasta ja putosi sielujen ketju mukanaan alas.

---

[3] Tässä kirjassa olevat Bhagavad-Gitan jakeiden käännökset ovat teoksesta: Taavi Kassila, *Bhagavad-Gita – Jumalainen laulu*, Like Kustannus Oy, 2011.

13

Imartelu on este polullamme

Amman kaltaiset sielut eivät koskaan elä toisten näkemysten mukaan, eivätkä he välitä toisten ylistyksistä tai moitteista. Amma itse sanoo: "En tarvitse kenenkään lupaa!"

Mahatmat, valaistunet tietävät tarkalleen keitä ja mitä he ovat ja he pysyttäytyvät aina uskollisina itselleen. Jos joku arvostelee heitä, he tutkivat itseään katsoakseen, onko väitteissä mitään perää ja sitten he joko ovat välittämättä siitä mitä on sanottu tai korjaavat omaa toimintaansa. He tietävät, että kaikki tapahtuu maailmankaikkeuden tahdon mukaisesti. Ja koska he näkevät jokaisen sydämessä olevat salatut motiivit, heitä ei voi ohjailla imartelemalla.

Swami Sadasiva Brahmendra, 1500-luvulla elänyt suuri sielu, kirjoitti:

> "Vaikka ihminen pitäisi maailmaa kimppuna olkia ja vaikka hän hallitsisi kaiken perimätiedon, hänen on vaikea vapautua oman mielensä orjuudesta, jos hän kumartaa yhä halpahintaista imartelua, tuota porttoa."

Kun Brahmendrasta tuli *sanjaasi*,[4] hänellä oli tapana vaeltaa paikasta toiseen, keskittyen mietiskelemään Itseä. Eräänä päivänä hän lepäsi pellolla pitäen tiiliskiveä päänalusenaan. Muutamia naisia sattui kulkemaan hänen ohitseen puhuen tähän tapaan:

"Minkälainen *sanjaasi* tuo mies oikein on? Hän tarvitsee edelleen tyynyä!"

---

[4] *Sanjaasi* on maailmasta luopunut munkki tai nunna, joka elää selibaatissa. Intian nykyinen sanjaasilaitos on Adi Shankaracharyan 700-luvulla uudelleenjärjestämä ja noudattaa yhä hänen luomaansa perinnettä. Shankaracharya opetti *advaita-vedantan* filosofiaa, jonka mukaan meidän oma sielumme on yhtä Brahmanin, maailmankaikkeuden sielun, ts. Jumalan kanssa. Sanjaasit ovat omistautuneet tämän oivaltamiselle.

Kun swami näki heidän lähestyvän seuraavan kerran, hän heitti tiiliskiven pois. Nähdessään tämän naiset huudahtivat: "Hah, minkälainen swami! Hän välittää edelleen toisten näkemyksistä!"

Emme voi ikinä menestyä, jos toisten kehut ja moitteet vaikuttavat meihin.

Kun Benjamin Franklin[5] oli vielä poikanen, hänellä oli tapana kävellä koulumatkallaan sepän pajan ohitse. Tiedämmehän minkälaisia pienet pojat ovat nähdessään jotakin mielenkiintoista, he jäävät seisomaan paikoilleen ja katselemaan. Ben näki kuinka seppä yritti teroittaa hiomakivellä työvälineitään. Kun seppä näki pienen pojan uteliaisuuden, hän kutsui tämän luokseen ja sanoi:

"Tulehan tänne! Näytän sinulle paikkoja, olet niin mukavan oloinen poika. Pidätkö pajastani? Voimme tehdä pienen kierroksen."

Hän kuljetti poikaa ympäriinsä, näytti hänelle kaiken ja sanoi sitten:

"Minne olet matkalla?"

"Olen menossa kouluun."

"Oletpa todella mukava, älykäs pikkupoika. Voisitko olla hieman avuksi? Voisit auttaa minua teroittamaan työkaluni. Olet selvästi hyvä poika."

Kun kehumme viatonta lasta, hän tekee mitä vain. Ben tunsi olevansa velvoitettu ja niin hän suostui auttamaan. Ja mitä seppä tekikään seuraavaksi? Hän antoi Benille hiomakiven, jotta poika teroittaisi hänen työkalunsa. Uurastettuaan tunnin ajan Benjamin tunsi käsivartensa käyvän raskaiksi, hän ajatteli: 'Minun pitää lähteä kouluun, on jo myöhä. Miten minun käy?'

"En voi jäädä pidempään," poika sanoi sepälle.

---

[5] Benjamin Franklin (1706-1790) oli yhdysvaltainen tiedemies, kirjailija ja keksijä.

Seppä vastasi hänelle:
"Olet varmaan luokkasi älykkäimpiä, jollet peräti kaikkein älykkäin lapsi. Vaikka menisit kouluun myöhässä, ei siitä olisi minkäänlaista haittaa. Olen varma, että läpäiset kokeetkin lukematta. En ole koskaan tavannut yhtä mukavaa poikaa kuin sinä enkä ole liioin nähnyt kenenkään teroittavan hiomakivellä yhtä taitavasti kuin sinä."

Vaikka Benjaminin kädet tuntuivat makaronilta, hän teki työnsä loppuun ja kiirehti sitten kouluun.

Rehtori antoi hänen maistaa karttakeppiä, näin tavattiin tehdä siihen aikaan, kun lapsi oli ollut tuhma, turvauduttiin ruumiilliseen rangaistukseen. Tällöin Ben päätti mielessään, ettei antaisi enää koskaan kenenkään kehujen vaikuttaa elämäänsä. Ehkäpä tästä kokemuksesta on peräisin amerikkalainen sanontatapa: 'Jos joku kehuu sinua, hänen kirveensä on todennäköisesti teroittamatta'.

Kun olemme olleet Amman kanssa jonkin aikaa, saattaa sattua että meitä aletaan syyttää asioista, jotka eivät ole meidän vikamme. Eikä meille ole aiemmin käynyt näin. Itse asiassa näin tapahtui minullekin vuosien ajan. Se osoitti kuinka paljon toisten mielipiteet vaikuttivat minuun. Lopulta Amma kysyi minulta ilman erityistä syytä, tunsinko alakuloa yhä, kun toiset arvostelivat minua. Kun Amma kysyy meiltä jotakin, meidän tulee olla täysin rehellisiä, sillä hän näkee mielemme kuin se olisi hänen edessään oleva lasikaappi. Totuuden kertomatta jättäminen ilmentää luottamuksen ja antautumisen puutetta ja sitä, että takerrumme egoomme.

Pohdin hetken hänen kysymystään ja vastasin sitten:
"Edelleenkin jonkun verran."

Tämä jälkeen 'ongelmia' tuntui tulevan vähemmän. Minusta tuntuu, että meillä kaikilla on heikkouksia, joiden ylitse meidän tulee päästä, jotta voisimme edetä henkisellä polullamme ja Amma luo tilanteita, jotta tämä olisi mahdollista. Meidän tulee kehittää itsessämme mielentyyneyttä, jotta kehut ja moitteet eivät vaikuta meihin. Tämä auttaa meitä heräämään kokemaan *Atman*, Itse. Meidän tulee pyrkiä aina säilyttämään mielentyyneytemme.

Tietäjä Naradan ylpeys

Suuri tietäjä Narada ylpistyi kyvystään soittaa *vinaa*.[6] Krishna halusi poistaa tämän heikkouden hänestä, aivan niin kuin Amma toimii omien seuraajiensa kanssa. Niinpä Krishna kutsui merkittäviä muusikkoja kotikaupunkiinsa Dwarakaan. Myös Narada saapui paikalle. Hanuman ilmestyi toisten joukkoon naamioituneena tavalliseksi apinaksi. Krishna pyysi nyt Naradaa soittamaan *vinaa*. Naradan esitys oli ihastuttava, kaikki arvostivat suuren tietäjän musiikillista lahjakkuutta ja taputtivat sydämellisesti, kaikki paitsi Krishna.

Esityksen loputtua Krishna kysyi Hanumanilta:

"Oi apina, mitä mieltä olet Naradan musiikista?"

Narada piti tätä suurena loukkauksena ja istui pää painuksissa. Krishna kysyi häneltä:

"Narada hyvä, miksi näytät noin alakuloiselta?"

Narada oli hiljaa hetkisen ja sanoi sitten:

"Oi Herra, tässä tilaisuudessa on monia lahjakkaita muusikkoja. Nöyryytitte minua kysymällä musiikistani apinalta, joka ei ymmärrä edes musiikin alkeita. Tämä korventaa sydäntäni."

Silloin Krishna sanoi hänelle:

"Rakas Narada, älä loukkaannu. Ole hyvä ja anna *vinasi* apinalle. Katsokaamme ymmärtääkö hän mitään soittamisen taiteesta."

---

[6] *Vina* on intialainen kielisoitin, jossa on yleensä seitsemän kieltä, joista neljällä soitetaan melodiaa ja kolmella säestetään.

Narada ärsyyntyi yhä enemmän ja mumisi jotakin itsekseen. "Mitä kuiskailet, Narada?" Krishna kysyi. "Ole hyvä ja kerro." "Tämä on erittäin herkkä soitin," Narada vastasi. "Se on minulle rakas, yhtä rakas kuin itse elämä. Ja hän on vain apina, hän tuhoaa sen."

"Älä pelkää, Narada!" Krishna sanoi. "Anna soitin apinalle. Minä kannan vastuun *vinastasi*."

Niinpä Narada antoi vastahakoisesti *vinan* apinalle. Hanuman vähät välitti tietäjän loukkaavista sanoista, sillä hän oli *mahatma*, joka omasi tasapainoisen mielen ja erinomaisen itsehillinnän.

"Oi apina, anna meidän nyt kuulla hurmaavaa musiikkiasi," Krishna kehotti.

Hanuman alkoi soittaa *vinaa* ja laulaa suurella antaumuksella *Ram-namia*.[7] Tämä ylitti taidokkuudessaan Naradan musiikin, kuulijat olivat haltioissaan. Hanumanin musiikki sai jopa kivet sulamaan. Kaikki kehuivat apinaa, myös Narada.

Krishna sanoi nyt:

"Oi Narada, olen iloinen nähdessäni, että sinäkin arvostat apinan musiikkia, joka oli todella ihmeellistä!"

Narada istui nyt pää painuksissa ja heittäytyi Krishnan jalkojen juureen.

"Oi Herra, anna minulle anteeksi. Miten voisin arvioida muiden ansioita? Te olette kaikkitietävä ja ainoa todellinen tuomari."

Kun Narada yritti ottaa *vinansa* takaisin apinalta, hän ei pystynyt edes nostamaan sitä maasta.

"Oi Herra, en pysty nostamaan *vinaani*," hän sanoi Krishnalle. "Apina temppuilee kanssani. Antakaa *vinani* takaisin."

"Narada hyvä, anna muiden yrittää nostaa se," Krishna sanoi.

---

[7] *Ram-nam* tarkoittaa Hanumanin mestarin Raman nimen laulamista.

Kaikki yrittivät, mutta turhaan. Krishna kysyi nyt muusikoilta, miksi *vinaa* ei voinut nostaa paikoiltaan. Silloin yksi lahjakkaista muusikoista sanoi:

"Kivi, jolle *vina* asetettiin, suli apinan musiikin takia ja soitin pääsi vajoamaan hieman. Kun musiikki päättyi, kivi kovettui ja *vina* juuttui kiinni."

"Laula Narada niin että kivi sulaa ja näin saat *vinasi* takaisin," Krishna sanoi.

Narada lauloi ja lauloi, mutta hänen yrityksensä olivat turhia. Sen jälkeen Krishna pyysi Hanumania jatkamaan *vinan* soittamista ja laulamista. Kivi suli muutamassa minuutissa. Nöyryytetty Narada sain näin *vinansa* takaisin.

Narada ymmärsi nyt, että Krishna oli luonut tämän tilanteen poistaakseen hänen ylpeytensä. Hän sai nyt tietää, että apina olikin Krishnan seuraaja Hanuman. Hän syleili Hanumania lämpimästi ja pyysi anteeksi käytöstään.

Naradan musiikillinen ylpeys poistui näin ja hänestä tuli parempi ihminen. Aika ajoin Jumala pitää pilkkanaan seuraajiaan, mutta ainoastaan voidakseen pienentää heidän egoaan.

Ylpeys on ihmisen huonoimpia puolia. Sitä ei ole helppo kukistaa. Jopa kaikkein parhaimmatkin ihmiset lankeavat tähän ansaan. Se turmelee ansiomme. Aivan niin kuin musta tahra pilaa puhtaan valkoisen paperin, niin ylpeys turmelee elämäämme, olivatpa lahjamme, saavutuksemme ja tekomme kuinka mahtavia tahansa.

Olkaamme valmiita luopumaan ylpeydestämme nöyryyden ja Gurun armon avulla.

2. LUKU

Olemmeko kypsiä opiskelemaan vedantaa?

Kun Amma puhuu pyhien kirjoitusten opiskelusta, hän
sanoo:

"Parasta on viettää suurin osa ajastamme *japan*,
mantran toistamisen ja meditaation parissa. Liiallinen
pyhien kirjoitusten opiskeleminen vähentää kykyäm-
me meditoida. Henkisinä oppilaina alamme helposti
ajattelemaan, että 'Minä olen Brahman, miksi minun
pitäisi meditoida?' Vaikka yrittäisimme istua medi-
taatiossa, mielemme ei salli sitä vaan pakottaa meidät
nousemaan ylös. Pyhien kirjoitusten opiskeleminen
saa myös helposti aikaan sen, että haluamme opettaa
muita. Lapset, mitä saavutamme sillä, että vietämme
koko elämämme kirjoituksia opiskellen? Hänen, joka
haluaa maistaa jotakin makeaa, ei tarvitse syödä koko
säkillistä sokeria. Hyppysellinen riittää."

Amma sanoo, että henkisten etsijöiden tulisi opiskella *vedantti-
sia* kirjoituksia. Näihin kuuluvat *Brahma Sutrat*, *Upanishadit* ja
eräät Sankaracharyan kirjoitukset. Nämä pyhät tekstit kertovat
advaitasta, ykseysfilosofiasta, jonka ydinopetus voidaan ilmaista
seuraavin sanoin:

'Maailmankaikkeus, sinä ja Jumala olette samaa jaka-
matonta kokonaisuutta, absoluuttista tietoisuutta.'

Pyhät kirjoitukset ilmaisevat tämän suuren totuuden eri tavoin,
esimerkkien ja tarinoiden valaisemana.

Aluksi voi tuntua kummalliselta, että jopa aloittelijat saavat
opiskella tätä korkeinta filosofiaa. Perinteisesti *vedantaa*[1] tulisi
opettaa vain heille...

> "...jotka ovat kypsiä, (koska) heidän syntinsä (*adharmiset*
> tekonsa) on poltettu edellisissä elämissä tehtyjen itse-
> kuriharjoitusten avulla, näin heidän mielensä on puh-
> distettu, heidän älynsä omaa kyvyn erottaa todellinen
> epätodellisesta, he ovat välinpitämättömiä tämän- ja
> tuonpuoleisen maailman nautintojen suhteen, mieli
> ja aistit ovat hallinnassa, heidän intohimonsa ovat
> säästöliekillä, he ovat luopuneet toimeliaisuudesta tar-
> peettomana painolastina, heidän uskonsa on vakaa ja
> mielensä rauhallinen ja he etsivät vapautusta kahleista."

> *– Advaita Bodha Deepika*

Kun tutkimme yllä olevaa ajatelmaa, käy selväksi, että suurin
osa meistä ei omaa tarvittavaa kypsyyttä. Minkä tähden Amma
sitten haluaa, että me opiskelemme *vedantaa* perinteiseen tapaan?
Sen tähden, että meidän tulisi ensin ymmärtää älyllisesti, mikä
on ihmiselämän lopullinen päämäärä ja miten voimme saavut-
taa sen. Kun saamme kuulla ylimmän totuuden ilosanomasta,
se säilyy alitajunnassamme ikuisesti vaikka emme ajattelisikaan

---

[1] *Vedanta* tarkoittaa kirjaimellisesti tiedon loppua, tiedon korkeinta muo-
toa. Toisinaan puhutaan *advaita-vedantasta*, sillä *vedanta* ja *advaita* ovat
yksi ja sama asia, kyse on ei-kaksinaisuudesta, ts. ykseysfilosofiasta, jonka
mukaan todellisuuden läpäisee Yksi, kaikkiallinen jumalallinen tietoisuus.

sitä tietoisella tasolla. On tärkeää, että meillä on selkeä käsitys elämän päämäärästä, sen tulisi olla elämämme perusta. Hyödymme yhteydestämme Ammaan eniten, kun ymmärrämme edes älyllisesti miten hän kokee todellisuuden. Itseoivalluksen tilassa elävänä Guruna[2] hänen elämänsä tarkoitus on ohjata meidät siihen päättymättömän rauhan tilaan, jossa hän itse elää. Tämä on helpompaa hänelle, jos ymmärrämme Amman ja meidän välisen suhteen todellisen tarkoituksen.

Voidaksemme saada kokemuksen siitä mitä *vedanta* opettaa, meidän tulee ensi alkuun kehittää itsessämme kykyä keskittyä todellisuuteen. Perimmäinen todellisuus, Jumala, Guru, Itse tai *Brahman*[3] on hienoakin hienompi. Tämän takia suositellaan erilaisia antaumuksellisia harjoituksia, jotta mielestämme tulisi puhdas ja liikkumaton. *Bhajanit*, antaumuksellinen laulaminen, *japa*,[4] *mantrojen*[5] toistaminen, meditoiminen ja rukoilu ovat tällaisia harjoituksia. Vähitellen mielemme keskittyy ja vetäytyy ulkoisista kohteista ja sisällämme liikkuvista ajatuksista. Mielemme alkaa keskittyä jumalalliseen. Jos sen sijaan opiskelemme *vedantaa* ilman antaumuksellisia harjoituksia ja Gurun opastusta, saattaa tapahtua eriskummallisia asioita.

---

[2] *Guru* tarkoittaa opettajaa. *Gu* tarkoittaa pimeyttä ja *ru* tarkoittaa valoa, *Guru* on näin hän, joka ohjaa henkisen oppilaan tietämättömyyden pimeydestä tietoisuuden valoon.

[3] *Brahman* tarkoittaa Absoluuttia, todellisuuden perimmäistä olemusta, kaiken alkulähdettä, Jumalaa.

[4] *Japa* tarkoittaa mantran toistamista. Oppilas toistaa Gurulta saamaansa *mantraa* kaiken aikaa puhdistaakseen mielensä.

[5] *Mantrat* ovat pyhiä tavuja, sanoja, jotka tarkoittavat Jumalaa tai jumalallista. *Mantrojen* toistamisen avulla puhdistetaan ja keskitetään mieli, jotta Jumala voidaan kokea.

Vedantan vinoutumat

Ennen kuin *vedantaa* alettiin opettaa *ashramissa*,[6] Amma halusi erään siellä asuvan nuorukaisen matkustavan toisen järjestön pariin opiskelemaan pyhiä kirjoituksia ja palaavan sitten opettamaan *ashramin* asukkaita. Kun nuorukainen sai kuulla, että hän on Brahman, hän tuli siihen tulokseen, ettei hänen tarvinnut enää kirjoittaa Ammalle, joten hän lopetti kaiken yhteydenpidon. Amma tiesi mitä oli tapahtunut. Amma ei tarvitse kirjeitä ymmärtääkseen mitä meidän mielessämme liikkuu, niinpä hän sanoikin:

"Nyt hän ajattelee olevansa Brahman ja ettei tarvitse minua enää."

Niinpä hän kirjoitti nuorukaiselle kirjeen: "Poikani, jos kirjoitat sanan 'sokeri' paperille ja nuolet sitä, maistatko sen makeuden? Sinun Brahmanisi on juuri tällainen, kyse on paperi-Brahmanista."

Erään naisen tapana oli mennä, aina sen jälkeen kun hänen miehensä oli lähtenyt töihin, läheiseen temppeliin kuuntelemaan henkisiä luentoja sellaisista pyhistä kirjoituksista kuten *Srimad Bhagavatam* ja *Ramayana*. Nainen sai nyt kuulla *punditin*[7] kertovan, että Krishna on Korkein Itse ja että gopit, hänen lapsuuden leikkitoverinsa, ovat kehon hermoratoja, jotka tulevat täyteen elinvoimaa hänen läsnäolonsa vaikutuksesta. Ja että Rama on Jumala ja Sita on yksilösielu. Ravana taas on ego, jolla on kymmenen

---

[6] *Ashram* tarkoittaa henkistä keskusta, usein myös pyhimyksen asuinpaikkaa. Paramatmananda viittaa tässä Amman syntymäpaikan ympärille syntyneeseen Amritapurin ashramiin, joka on Amman maailmanlaajuisen toiminnan keskus. Amritapuri sijaitsee Etelä-Intiassa, Keralan osavaltiossa.
[7] *Pundit* on oppinut hindu, joka tuntee sanskritin kielen, hindufilosofian, pyhät kirjat ja perinteisen hindulaisen lain.

aistia. Ganges-, Yamuna- ja Sarasvatijoet ovat sisällämme olevia *kundaliinishaktin*[8] kanavia.

Kuultuaan tällaisia tulkintoja nainen alkoi ajatella: 'Kaikki on minussa. Miksi minun pitäisi nähdä vaivaa herätäkseni neljältä aamulla, ottaa kylpy, suorittaa *puja*[9] ja erilaisia rituaaleja?' Niinpä hän päätti luopua kaikesta tuollaisesta. Seuraavana päivänä hän nukkui seitsemään aamulla eikä suorittanut tavallisia aamutoimiaan. Hänen miehensä, joka oli noussut jo ylös, huomasi ettei hänelle ollut laitettu kylpyvettä, niinpä hän meni vaimonsa sängyn viereen huutamaan:

"Missä on kylpyveteni? Olemme asuneet yhdessä kaksikymmentä vuotta ja olet joka päivä laittanut minulle veden valmiiksi, nyt vettä ei näy missään. Onko kaivo kuivunut? Vai oletko sairastunut?"

Nainen haukotteli, käänsi kylkeä ja sanoi:

"Ganges-, Yamuna- ja Sarasvatijoet ovat sisälläsi *kundalinishaktin* muodossa. Niistä saat vettä."

Nähdessään vaimonsa valheellisen henkisyyden vallassa mies ajatteli, että hänen täytyi tehdä asian eteen jotakin, niinpä sanoi:

"Ahaa, ymmärrän. Olet saavuttanut korkean tilan. Etpä taida voida laittaa ruokaa tänään. Niinpä valmistan meille ruoan ja menen sitten myöhässä työpaikalleni."

Nainen nukahti ja mies valmisti aamiaisen lisäten vaimonsa annokseen kolme kertaa enemmän chiliä kuin tavallisesti, sitten hän piilotti talon vesikannut ja kätki kaivossa olevan vesiämpärin. Sitten hän kutsui vaimonsa aamiaiselle. Syötyään vaimo

---

[8] *Kundaliinishakti* on selän tyvessä asustava elinvoima, joka kohoaa henkisen avautumisen myötä selkärangan ydintä ylöspäin avaten matkalla aina uusia energiakeskuksia, *chakroja.*

[9] *Puja* tarkoittaa intialaisen perinteen mukaista jumalanpalvelusta, joka voidaan suorittaa joko temppelissä tai kotialttarin ääressä.

tuli janoiseksi ja kiiruhti etsimään vettä. Hän juoksi kaivolle ja havaitsi, ettei siellä ollut ämpäriä. Sitten hän etsi vesikannuja kaikkialta, mutta ei löytänyt niitä mistään. Hän huusi hädissään: "Missä on vettä? Missä on vettä? Minä kuolen!" Mies sanoi rauhallisesti hymyillen: "Ganges, Yamuna ja Sarasvati ovat sisälläsi. Miksi et juo niistä?"

Nainen ymmärsi nyt erehdyksensä ja vaikka hän muisti yhä oppimansa henkiset totuudet, hän ei enää soveltanut niitä tuolla tavoin arkipäivän elämäänsä.

"Pidä *advaita* sydämeesi suljettuna. Älä yritä toimia sen mukaisesti. Vaikka soveltaisit sitä kolmeen eri maailmaan, oi poikani, älä sovella sitä Guruusi."

– Sri Shankaracharyan Tattvopadesa, jae 87

Amma ja menneisyyden tietäjät sanovat, että pyhien kirjoitusten opiskeleminen ei voi yksinään lahjoittaa meille kokemusta Itsestä. Vain *sadhana*, henkiset harjoitukset voivat puhdistaa mielemme näennäisesti loputtomista ajatuksista, valmistaen näin mieltämme omakohtaiseen kokemukseen. *Sadhana* tarkoittaa kaikkea sitä mikä keskittää rauhattoman mielemme totuuteen. Amma sanoo:

"Pyhät kirjoitukset ovat suuntaviittoja. Ne osoittavat meille päämäärän. Se on niiden ainoa tehtävä. Emme voi saada kookospähkinöitä kookospuun kuvasta. Piirrettyämme talon paperille emme voi ryhtyä asumaan siinä. Meidän tulee rakentaa talo suunnitelman mukaisesti, vasta sitten voimme asua siinä. Pyhät kirjoitukset ovat kuin kuva tai pohjapiirrokset. Meidän tulee tehdä töitä saavuttaaksemme päämäärän."

Amma sanoo, että meditaation harjoittaminen on hyvin tärkeää. Mitä meditaatio on? Jotkut meistä ovat ehkä tutustuneet *Patanjalin joogasutriin*. Tuo teos sisältää yhden ihmiskunnan tieteellisimmistä ja analyyttisimmistä ajatusjärjestelmistä. Se ei käsittele aineellista tiedettä vaan mielenhallinnan tiedettä, kaikkein arvokkainta tietoa meille, jotka etsimme pysyvää sisäistä rauhaa. Teos alkaa joogan määritelmällä:

> "Jooga on mielenliikkeiden lakkaamista. Silloin tietoisuus oleilee omassa kirkkaudessaan. Silloin kun tietoisuus ei ole kirkkauden tilassa, se samastuu erilaisiin mielentiloihin." [10]

> *– Patanjalin joogasutrat I:2-4*

Kuka on näkijä? Hän meissä, joka sanoo 'minä', on näkijä, subjekti. Yleensä näkijä samastuu mieleen ja kehoon. Kun ajatukset lakkaavat, samastuminen päättyy ja se mikä jää jäljelle, on todellinen olemuksemme – puhdas Itse. Tämä kuulostaa yksinkertaiselta ja sitä se onkin, mutta mielen loputonta monimutkaisuutta ei ole helppo käsitellä. Yksinkertainen ja helppo eivät ole sama asia henkisissä harjoituksissa.

Miksi mieltä tulisi hallita?

Minkä takia meidän tulisi opetella hallitsemaan mieltämme? Amma ei koskaan lakkaa muistuttamasta meitä siitä, että ellei mielestämme tule hiljaista, ellemme opi nauttimaan rauhasta, jonka mielen hallinta synnyttää, emme voi koskaan olla todella onnellisia. Meillä saattaa olla kaikki mitä olemme toivoneet: upea puoliso, lapsia, hyvä työ, henki- ja sairasvakuutus, muhkea

---

[10] Jooga-ajatelmien käännös on teoksesta: Taavi Kassila, *Patanjalin jooga-ajatelmat*, Om-kustannus, 2015.

pankkitili ja niin edelleen. Mutta rauha, jonka maalliset asiat voivat meille antaa, on kovin hauras ja saattaa pettää meidät milloin hyvänsä. Entäpä jos menetämme rahamme, pörssikurssit romahtavat, inflaatio kasvaa, joudumme onnettomuuteen, sairastumme tai läheisemme kuolee? Mikä tahansa voi kadota tai murtua milloin tahansa. Jos mielenrauhamme riippuu ainoastaan ulkoisista asioista ja olosuhteista, olemme kuin "lintu joka tasapainoilee vaarallisesti kuivalla oksalla".

Amma sanoo, että on parempi tehdä mielestämme vahva, kuin olla riippuvainen toisista ihmisistä ja esineistä voidaksemme kokea rauhaa. Ainoa tapa saavuttaa tämä on meditaatio ja muut *sadhanan*, henkisen harjoituksen muodot. Muuta mahdollisuutta ei ole.

Siinä missä aineellista maailmankaikkeutta hallitsee painovoiman laki, on olemassa voima nimeltä *maya*, harha, joka vetää mieltämme ja aistejamme jatkuvasti ulospäin, kohti maailmaa. Se verhoaa älyltämme todellisen olemuksemme ja saa meidät uskomaan, että me olemme keho ja mieli. Tästä johtuen meistä tuntuu, että onnellisuus on ulkopuolellamme, sen sijaan että ymmärtäisimme sen olevan sisäpuolellamme, omassa Itsessämme. Koemme aavistuksen tuosta sisäisen onnellisuuden tilasta syvässä unessa, jolloin meillä ei ole tietoisuutta ruumiista eikä maailmasta – silloin koemme vain rauhaa. Halut ilmestyvät yksi toisensa jälkeen, kun etsimme rauhattomuuden vallassa onnea ja rauhaa. Jos tyydytämme yhden halun, saatamme tuntea hetkisen ajan onnea ja rauhaa, mutta lopulta uutuudenviehätys hiipuu ja pian uusi halu valtaa meidät. Tällainen on *mayan* luonne, se vie meitä alati väärään suuntaan, pois Itsestämme. Se on kuin tarinan porkkana, jota pidetään härän edessä, jotta härkä vetäisi kärryjä. Härän annetaan maistaa hieman porkkanaa, sitten porkkana vedetään kauemmaksi, ja näin tehdään uudelleen ja uudelleen – jopa elämä elämän jälkeen. Eikä härkä koskaan saa porkkanaa!

"Maailman nautintojen lahjoittama onnellisuus on vain murto-osa siitä äärettömästä autuudesta, joka asustaa sisälläsi, omassa Itsessäsi."

– Amma

"Jos et saa mitä haluat, kärsit. Jos saat sen mitä et halua, kärsit. Vaikka saisit juuri sen mitä haluat, kärsit silti, sillä et voi pitää sitä luonasi ikuisesti. Oma mielesi luo ahdinkosi. Mielesi haluaisi olla vapaa muutoksista, vapaa kärsimyksestä, vapaa elämän ja kuoleman pakosta."

– Sokrates

Olettakaamme, että haluamme vierittää suuren kivenjärkäleen kukkulan laelle. Saatamme viettää paljon aikaa miettiessämme miten onnistuisimme tässä. Saatamme rukoilla Jumalaa ja itkeä, että tarvitsemme Hänen apuaan, mutta viime kädessä joudumme kuitenkin itse kamppailemaan kaikin voimin painovoimaa vastaan. Jos emme työnnä kiveä ylöspäin, se pysyy joko paikoillaan tai vyöryy alas. Painovoima ei kunnioita meitä. Emme voi olettaa, että painovoima laitetaan pois päältä siksi aikaa kun työnnämme kiveä. Tuli polttaa meitä riippumatta siitä, tunnemmeko sen ominaislaadun vai emme. Laittoipa lapsi tai aikuinen kätensä tuleen, hänen ihonsa palaa. Samalla tavoin me kaikki tanssimme *mayan* tahtiin, tiesimmepä siitä sitten tai emme, halusimmepa tai emme. Jos haluamme paeta sen vetovoiman piiristä, meidän tulee ponnistella lujasti ja jatkuvasti – mitä voimallisemmin, sen parempi. Amma sanoo:

"Emme voi ennustaa milloin tulemme näkemään Jumalan. Se riippuu etsijän kaipuusta ja hänen

29

ponnisteluistaan. Jos matkustamme tavallisessa linja-autossa, emme voi tietää milloin saavumme määränpäähämme, sillä bussi pysähtyy monessa paikassa matkan varrella. Pikavuoro taas pysähtyy vain muutamilla pysäkeillä, joten voimme arvioida sen saapumisajan enemmän tai vähemmän tarkasti. Samalla tavoin, jos ajattelemme Jumalaa hetkeäkään hukkaamatta ja etenemme täydellisen takertumattomina, voimme saavuttaa päämääräämme nopeasti. Jos henkisissä harjoituksissamme ei ole voimaa, ei ole helppo sanoa, milloin saavumme päämäärämme."

Amma sanoo, että on parempi meditoida paljon kuin tutkia liiallisessa määrin pyhiä kirjoituksia. Henkisiä harjoituksia tulee tehdä, vaikka vähäisessäkin määrin. Voidaksemme hallita mieltämme meidän tulee aloittaa jossakin vaiheessa – mitä aiemmin, sen parempi. Mieli vaeltaa kaiken aikaa kuin rauhaton apina. Kun olemme ymmärtäneet mielemme tämänhetkisen rauhattomuuden, meidän tulee ryhtyä askel kerrallaan rauhoittamaan sitä ja keskitettävä se yhteen kohteeseen. Vaikka onkin olemassa monia eri tapoja tehdä tämä, Amma sanoo, että *japa*, mantran toistaminen (joka johtaa meditaatioon) on helpoin ja tehokkain tapa. Pienikin määrä *japaa* tai jotakin muuta *sadhanaa*, henkisiä harjoituksia kantaa lopulta hedelmää.

"Meditaation hyödyt eivät mene koskaan hukkaan. Ne säilyvät sinulla aina, valmiina kantamaan hedelmää oikeaan aikaan."

– Amma

"Tällä polulla ponnistus ei mene hukkaan eikä huonoja seurausvaikutuksia ilmene. Pienikin määrä henkisyyden harjoitusta suojaa sinut suurelta pelolta."

— *Bhagavad-Gita II:40*

Moni meistä ajattelee, että meillä ei yksinkertaisesti ole aikaa *sadhanalle*, henkisille harjoituksille. Saatamme ajatella, että 'Minun pitää mennä työpaikalle, huolehtia lapsistani ja kodistani'. Voimme löytää loputtomasti asioita, joita meidän pitää tehdä. Totuus kuitenkin on, että jos katsomme elämäämme tarkasti, voimme havaita, että kulutamme paljon aikaa hyödyttömien ajatusten hautomiseen. Emmekö voisi sen sijaan toistaa tai laulaa *mantraamme*? Joudumme tietenkin ponnistelemaan voidaksemme synnyttää uuden tavan itsellemme, mutta se on silti mahdollista.

Joku sanoi minulle kerran:

"Sinun on helppoa puhua *sadhanan* harjoittamisesta, koska et elä maailmassa."

Itse asiassa maailmasta luopuminen ei ole mahdollista, ellemme ole *mahatmoja*, suuria sieluja, jotka elävät kaiken aikaa *samadhin*[11] transsendenttisessa tilassa. Siihen asti, mihin tahansa menemmekin, elämme aina maailmassa. Niin kauan kuin meillä on ruumis, elämme jossakin maailmassa. Vaikka jättäisimme maapallon taaksemme ja oleilisimme avaruudessa, sekin olisi maailma. Todellinen maailmasta luopuminen tarkoittaa, että vaikka toimimmekin maailmassa, mielemme on uppoutunut *japaan*, mantran toistamiseen. On selvää, että harjoittaessamme tietynlaista toimintaa, kuten ajatustyötä, emme voi samanaikaisesti harjoittaa *japaa*, mutta kaiken muun ajan voimme käyttää *mantran* toistamiseen, pyhien kirjoitusten lukemiseen, meditoimiseen, *bhajaneiden* laulamiseen, *satsangin*, henkisen luennon

---

[11] *Samadhi* tarkoittaa Jumalaan sulautumisen tilaa.

kuuntelemiseen tai muuhun henkiseen toimintaan sen sijaan, että
käyttäisimme aikaamme rupatteluun, lehtien lukemiseen ja mui-
hin nykyaikaisen elämänmenon synnyttämiin häiriötekijöihin.
Näin toimiessamme voimme edetä nopeasti henkisellä tiellämme.
Ennen kuin valitamme Ammalle, että emme etene henkisellä
tiellä ponnisteluistamme huolimatta, meidän tulisi tarkastella
kuinka paljon aikaa hukkaamme muihin toimiin ja ajatuksiin.
Meidän tulisi muistaa, että todellinen antaumus tai meditaatio
on sitä, että mielemme virtaa lakkaamatta kohti Jumalaa, "...niin
kuin öljy jota kaadetaan astiasta toiseen". Rukoilkaamme tähän
tapaan: "Anna mieleni virrata Sinua kohti lakkaamatta niin kuin
Gangesin virta, joka etenee kohti valtamerta."

3. LUKU

Mahdottomalta vaikuttava tehtävä

Syntymästämme alkaen omaksumme alitajuisesti sen käsityksen, että mielemme olemukseen kuuluu ajatella kaiken aikaa. Emme koskaan kyseenalaista tätä. Meillä saattaa olla hyviä ajatuksia, huonoja ajatuksia tai neutraaleja ajatuksia. Myös tunteet ovat ajatuksia, samoin halut ja pelot, sekä mielikuvat ja äänet. Mieli on tila, jossa ajatukset ilmestyvät ja katoavat. Mieli itsessään ei ole hyvä eikä paha, ajatukset sen sijaan ovat joko *dharmisia* tai *adharmisia*.[12] Amma sanoo, että koska mieli ei ole muuta kuin ajatusta, on mahdollista lopettaa mielen loputon sisäinen vuoropuhelu ja nauttia rauhasta, joka on mielen todellinen olemus. Itse asiassa, tämä on ihmiselämän todellinen tarkoitus, pysäyttää ajatteleva mieli ja kokea mitä sen jälkeen tapahtuu, kokea kaiken ymmärryksen ylittävä rauha.

Vaikka tämä syvällinen ajatus on yhtä ikiaikainen kuin Intian muinaiset tietäjät, se ansaitsee täyden huomiomme. Mieli on edessämme, niin itsestään selvänä, että emme havaitse sitä, kunnes se tuottaa meille vaikeuksia. Muinaiset tietäjät sanovat,

---

[12] *Dharminen* tarkoittaa sitä, mikä on hyvää, oikeudenmukaista ja elämän lainalaisuuksien mukaista; *adharminen* taas tarkoittaa pahaa, epäoikeudenmukaista ja elämän lakien vastaista.

että aiemmin tehty hyvä *karma*[13] saa aikaan sen, että meissä herää halu ymmärtää mitä mieli on ja kukistaa se, vapautua sen pakkovallasta. Suurin osa ihmisistä on niin kiinnostunut ulkoisista asioista, että se vie suurimman osan heidän ajastaan. He katsovat hyvin harvoin sisälleen.

Mutta kaikki haluavat mielenrauhaa. Kukaan ei halua elää mielen pakkovallan alla. Jotta tämä olisi mahdollista, meidän tulee omata sisäistä elämää, joka on omistettu tätä tarkoitusta varten. Sillä ei ole oikeastaan merkitystä olemmeko luostarin asukkaita vai emme. Olipa elämäntapamme mikä hyvänsä, meillä on mieli ja meidän pitää voida kesyttää se. Kaikki me joudumme kohtaamaan vaikeuksia. On ollut monia menestyneitä *sadhakoita*, henkisiä oppilaita, jotka eivät ole asuneet luostarissa ja monia epäonnistujia, jotka ovat asuneet luostarissa. Tärkeää on oma ponnistelumme.

Ymmärtäkäämme minkälainen vihollisemme on

Voidaksemme voittaa vihollisen, meidän tulee ymmärtää minkälainen hän on. Vain siten ponnistelumme voivat tuottaa tulosta. Amma sanoo, että mieli koostuu näennäisesti loputtomista ajatuksista. Voimme verrata mieltä järveen. Kun tuulta ei ole, järven pinta tyyntyy. Kun tuuli puhaltaa, järven pinta täyttyy aalloista ja mitä kovempi tuuli on, sitä suuremmat ovat aallot. Kun puhumme mielestä, mikä on tässä tapauksessa tuuli? Halut ja pelot.

Haluamme vaistonomaisesti onnea, loputtomasti, ja surusta vapaata onnea. Millä tavoin yleensä toimimme saavuttaaksemme onnellisuutta? Kaikki olemme kokeneet onnea silloin tällöin. Entä mikä sen synnytti? Jos kiteytämme tämän olennaiseen, halun tyydyttäminen lahjoittaa meille tunteen onnesta tai rauhasta.

---

[13] *Karma* tarkoittaa tässä aiempien elämien aikana tehtyjä tekoja ja niiden seurausvaikutuksia tässä elämässä.

On olemassa erilaisia haluja, mutta niin kauan kuin mielemme on halun pakkomielteen vallassa, se synnyttää meissä rauhattomuuden tunteen, kunnes olemme tyydyttäneet halumme. Sama pätee pelkoihimme. Ennen kuin pääsemme eroon pelkomme aiheuttajasta, emme voi olla onnellisia. Pelkojen poistuminen johtaa onneen tai rauhaan.

Onko näin ollen tarpeellista aina etsiä onnea pyrkimällä tyydyttämään halunsa? Onko se edes mahdollista? Halut ovat loputtomia. Kun tyydytämme yhden halun, mieleemme nousee uusi halu. Jos tutkimme mieltämme tarkkaavaisesti, voimme havaita, että se mitä kutsumme onnellisuudeksi on rauha, jonka koemme tyydytettyämme halumme. Koska tämä kokemus johtuu mielemme hiljentymisestä, eikö ole mahdollista tarkoituksellisesti hiljentää mieli ja kokea onnea?

Valitettavasti olemme syvästi vakuuttuneita siitä käsityksestä, että onnellisuuden syy on halujen tyydyttämisessä ja kyvyssämme poistaa pelkomme tai tuskamme syy. Tällaista on harhan syvä uni. Ja se, että lähes kaikki tuntemamme ihmiset elävät samassa harhan unessa, tekee pyrkimyksestämme herätä vain vaikeampaa.

Painajaisuni herättää meidät tehokkaasti horroksestamme. Kun näemme hyvää unta, näin ei tapahdu. Vaikuttaa siltä, että nautintojen ja viihteen täyttämä elämä ei ole omiaan edistämään elämän ja kuoleman vakavaa pohdintaa. Moni alkaa tavoitella elämän korkeampia päämääriä vasta koettuaan elämässään tuskallisia ja traagisia asioita. Ellei sitten Amman kaltaisen *mahatman*, suuren sielu, kohtaaminen saa aikaan meissä heräämistä.

Meditoinnin tarve

Amma muistuttaa meille, jotka olemme tulleet hänen luokseen, että todellinen olemuksemme on se mitä me etsimme jatkuvasti, tosin erheellisesti, aistiemme ja ulkoisen elämämme kautta.

Saamme hetkellisiä kokemuksia siitä, kun mielemme on vähän aikaa hiljaa, usein melko kivuliaan etsinnän jälkeen, saamme tavoittelemamme kohteen tai kun tuskaa tuottava asia poistuu. Minkä takia syvän unen tila on meille niin rakas? Miksi kaipaamme tyynyä, pehmeätä sänkyä, tuuletinta ja hiljaista ympäristöä? Koska syvässä unessa olemme vapaita aistien loputtomista häiriötekijöistä ja rauhattoman mielemme tyranniasta. Silloin sulaudumme Itseemme. Voidaksemme tehdä tästä pysyvän olotilan, meidän tulee ponnistella hereillä ollessamme, jotta mielemme sulautuisi alkulähteeseensä, Itseen. Miten voimme saada tämän aikaiseksi? Amma kehottaa meitä harjoittamaan meditaatiota voidaksemme hiljentää ja pysäyttää mielemme lopulta kokonaan. Ihmiset eivät luontaisesti pyri tähän, silti meditaation harjoittamisesta on tullut melko yleistä tämän päivän maailmassa. On tarjolla monenlaisia meditaatiomenetelmiä, joista jokainen voi valita itselleen sopivimman. Meditoimisen välittömät hyödyt, kuten stressin alentuminen ja terveyden parantuminen, ovat nykyään laajasti tunnustettuja. Niinpä monet yksilöt, suuret yritykset ja valtion laitokset soveltavat meditaatiota tänä päivänä käytännön elämään.

Tällä hetkellä ajatuksemme ovat kuin lattialle sirotellut sinapinsiemenet, niitä on kaikkialla. Tarvitaan paljon vaivannäköä, että ne saadaan kerättyä yhteen paikkaan. Meditaatiossa menestyminen riippuu siitä kykenemmekö keskittymään yhteen asiaan. Kuvitelkaamme laittavamme lankaa neulansilmään, tämä vaatii paljon keskittymistä. Hengityksemme hidastuu ja mielestämme tulee keskittynyt. Meditaatio on tapahtumana paljolti samanlainen. Sitä voidaan harjoittaa keskittymällä ulkoiseen kohteeseen tai sisäiseen äänteen, mielikuvaan tai tunteeseen, jossa pyrimme pitämään huomiomme. Amma sanoo:

"Lapset, pyrkimys suostutella mieli meditoimaan on kuin yrittäisi upottaa puupalanen veteen. Jos ote irtoaa, puupalanen pulpahtaa pintaan. Jos meditoiminen ei onnistu, harjoita *japaa*, *mantran* toistamista. *Japan* avulla mielestä voi tehdä meditaatiolle suotuisan. Alkuvaiheessa on tärkeää keskittyä muotoon, näin mieli keskittyy *ishta devataan*, meille rakkaaseen jumaluuteen. Millä tavalla sitten meditoimmekin, olipa meditaatiomme kohde mikä hyvänsä, keskittyminen on tärkeää. Mitä hyötyä on liimata postimerkkejä kirjekuoreeseen, jos emme kirjoita osoitetta kuoreen? *Japan* harjoittaminen ja meditoiminen ilman keskittymistä on juuri tällaista."

Amma tarkoittaa tällä sitä, että keskittyminen on tärkeää. Meditoiminen ei ole helppoa, mutta on kuitenkin mahdollista oppia meditoimaan oikeanlaisen tekniikan avulla, kuten *japan*, *mantrojen* toistamisen avulla ja sinnikkäästi harjoittelemalla.

Toisinaan Amma vertaa henkisiä harjoituksia kookospuuhun kiipeämiseen. Amma on kotoisin Keralasta, missä on miljoonia kookospuita. Miten ihmiset sitten hakevat kookoksia palmuista? Ei heillä ole koneita tai nostokurkia, joiden avulla mies voitaisiin nostaa sopivaan korkeuteen. Jonkun täytyy kiivetä puuhun. Kiipeilijä ei yleensä käytä köyttä, joka olisi sidottu kookospuun ympärille, jotta hän ei putoaisi puusta. Hän yksinkertaisesti vain kiipeää puun latvaan, pysyttelee siellä jalkojensa ja yhden kätensä varassa ja leikkaa toisessa kädessään olevalla isokokoisella veitsellä kookospähkinät puun latvasta. Jos olemme yrittäneet kiivetä kookospuuhun, tiedämme miten vaikeaa se on. Saatamme päästä pari metriä ylöspäin, sitten liu'umme takaisin alas, sillä kookospuun rungossa ei ole mitään mihin voisimme tukeutua. Kiipeilijät leikkaavat lovia puihin, jotta olisi edes jotakin, josta voisi ottaa tukea, jonka varaan voisi asettaa henkensä. Aivan viime aikoihin saakka on ollut tapana, että jos sattuu syntymään kookoskiipeilijän perheeseen, lapsesta tulee yleensä aina myös kookoskiipeilijä, halusi hän sitä sitten tai ei. Sillä tavoin he hankkivat toimeentulonsa. Kookospalmun kiipeilijä opettaa poikaansa yrittämään vähän kerrallaan, uudestaan ja uudestaan, kunnes hän lopulta onnistuu. Hän ei voi antaa periksi vain sen tähden, että se on vaikeaa. Miten heidän perheensä muuten selviytyisi?

Jossakin vaiheessa ymmärrämme, että ei ole muuta keinoa saavuttaa rauha kuin saada oma mielensä tyynnytettyä. Silloin ryhdymme voimalliseen 'tee tai kuole' -ponnistukseen saavuttaaksemme päämäärämme vaikeuksista huolimatta. Emme vain yritä meditoida viisi minuuttia ja sano sitten, 'Äsh, unohda koko juttu. En pysty hallitsemaan mieltäni, se on aivan liian rauhaton'. Kuten sanonta kuuluu: 'Jos et ensin onnistu, yritä, yritä uudestaan' tai 'Harjoitus tekee mestarin'. Yritys pysäyttää mieli ja saavuttaa sen alkulähde on kuin uisi vastavirtaan voimakkaassa joessa, kuin yrittäisi saavuttaa sen alkulähteen. Se on mahdollista, mutta vain voimakkaan ponnistelun avulla.

Jokainen *sadhaka*,[14] joka on yrittänyt uudelleen ja uudelleen hallita mieltään, joutuu väistämättä kokemaan, että yritys vaikuttaa lähes mahdottomalta. Krishnan oppilas Arjuna puhuu tästä *Bhagavad-Gitassa* mestarilleen. Krishna rohkaisee häntä antamalla hänelle parhaan mahdollisen neuvon.

"Arjuna sanoi:
Oi Madhusudana, en kykene näkemään, että tämä Sinun selittämäsi tasapainottava jooga saa aikaan minkäänlaista pysyvää muutosta, sillä minun mieleni on levoton.

---

[14] *Sadhaka* tarkoittaa henkistä oppilasta, häntä joka harjoittaa *sadhanaa*, henkisiä harjoituksia.

Minun mieleni on epävakaa, myrskyinen, voimakas ja itsepintainen. Oi Krishna, mieltä on yhtä vaikea hallita kuin tuulta.

Siunattu Herra sanoi:

Oi voimakasaseinen, mieli on epäilemättä häilyväinen ja hallitsematon, mutta joogan harjoittamisen ja taker-tumattomuuden avulla mieli on kuitenkin mahdollista hallita."

– Bhagavad-Gita VI:33-35

Amma sanoo, että jos et kykene meditoimaan, harjoita *japaa. Japa* tarkoittaa *mantran* tai Jumalan nimen toistamista. Osa Intian merkittävimmistä tietäjistä saavutti suuruuden nimenomaan *mantran* toistamisen avulla. Epäitsekäs palvelutyö, Jumalan ylistäminen lauluin (*bhajana*), *japa* ja meditaatio (*dhyana*) puh-distavat mielen vähitellen ajatuksista, mikä johtaa lopulta mielen alkulähteeseensä, Jumalaan sulautumiseen (*samadhiin*).

Pyrkimys saavuttaa mielenrauha on nöyryyden harjoittamis-ta. Ymmärrämme lopulta, että oma ponnistuksemme ei yksin riitä. Tästä alkaa antaumus, joka syntyy avuttomuuden tunteesta.

Ponnistelun tärkeys

1500-luvulla elänyt intialainen prinsessa Mirabai oli merkittävä pyhimys ja Krishnan seuraaja, hän toisti alati Krishnan nimeä. Tulasi Das, kuuluisan hengellisen kirjan *Ramacharitamanasan* tai *Tulasin Ramayanan* kirjoittaja toisti aina "Ram, Ram." Nama-dev puolestaan lauloi "Rama Krishna Hari." Nämä *mahatmat*, suuret sielu, sekä moni ennen heitä että heidän jälkeensä toistivat Jumalan nimeä uudelleen ja uudelleen, kunnes heidän mielessään ei ollut muita ajatuksia kuin ajatus Jumalasta. Kun tulemme tuohon mielentilaan, Jumalan autuaallinen läsnäolo loistaa puhdistuneessa mielessämme Hänen armostaan. Tarvitaan sekä ponnistelua että Jumalan armoa, jotta voimme saavuttaa rauhan ja onnen tilan.

Olipa kerran nainen, jolla oli kolme poikaa. Hänen miehensä oli kuollut hieman nuorimman pojan syntymän jälkeen, joten hän joutui kasvattamaan lapsensa yksin. Heistä kaikista tuli poikkeuksellisia ihmisiä. Nähdessään heidät eräs sukulainen kysyi naiselta:

"Miten sait kasvatettua nämä hienot lapsesi yksinäsi?"

"Siihen tarvittiin sekä sinnikkyyttä että armoa," nainen vastasi.

"Mitä tarkoitat?"

"Tapanani oli rukoilla Jumalaa: 'Olkoon minulla sinnikkyyttä ja tulkoon Sinulta armo.'"

Tunnetussa sananlaskussa sanotaan: 'Jumala auttaa heitä, jotka auttavat itseään.' Sama pätee henkiseen elämään. Emme saa osaksemme Jumalan tai Gurummearmoa, jos vain istumme paikoillamme, tekemättä mitään. Vilpittömyytemme, nöyryytemme ja ponnistelumme saavat armon laskeutumaan meihin. Ken saa armon osakseen, hän tietää, ettei hän ole mitään, että Jumala on kaikki. Mitä nöyremmäksi hän tulee armon ansiosta, sitä enemmän armo virtaa häneen. Niin kuin Amma ilmaisee asian:

"Miten paljon tahansa sataakaan, vesi ei pysy talon katolla eikä vuoren huipulla. Vesi valuu vuorelta aina alas laaksoon. Emme voi saavuttaa mitään, niin kauan kuin 'minä'-tunne on jäljellä. Armo virtaa meihin kun omaamme nöyrän asenteen, 'en ole mitään.' Itsekeskeinen ihminen ei osaa hyödyntää edullisia olosuhteita, jotka hänelle on annettu. Meidän tulee aina omata asenne: 'en ole mitään.'

40

Jotta siemen voisi itää, sen tulee laskeutua mullan alle ajatellen, 'en ole mitään.' Sitä ei versoa kasvi, joka on sen luonnollinen olemus, jos se ajattelee ylimielisesti 'miksi minun pitäisi kumartaa likaiselle maalle?'

Samalla tavoin, jos kasvatamme ja kehitämme itsessämme nöyryyttä, ja annamme egomme kumartua Korkeimman Tietoisuuden ja Hänen luomakuntansa edessä ja näemme kaiken Hänen ilmentymänään, silloin todellinen olemuksemme paljastuu meille. He, jotka ajattelevat 'minä olen mahtava ja jotakin aivan erityistä', ovat tosiasiassa pienempiä kuin ketkään muut. He yrittävät aina heijastaa oman egonsa kaikkiin toimiinsa. Aivan kuin ilmapallo, joka on ahdettu täyteen ilmaa, räjähtää jonakin päivänä, niin käy heillekin.

Todella suuret ihmiset ovat heitä, jotka pitävät itseään Jumalan palvelijoina, jotka palvelevat toisia nöyrästi ja koruttomasti. Korkein todellisuus on sisällämme, mutta me emme ole tietoisia siitä. Pysymme egomme takia maallisen elämän tasolla ja sen tähden emme tunne tätä totuutta."

– Amma

Mahatma ei ole hän, jolla on suuri ego, vaan suuri sielu, jolla ei ole egoa.

Erilaisia nöyryyden ilmentymiä

Kerran eräs mahtava kuningas hakeutui moskeijaan rukoilemaan. Hän meni niin aikaisin aamulla, että paikalla ei ollut vielä ketään. Hän polvistui ja rukoili:

"Oi Jumala, en ole kukaan, vain Sinun jalkojesi pölyä."

41

Sanottuaan tämän, hän kuuli jonkun toisen sanovan nuo samat sanat toisessa osassa moskeijaa. Kuningas ärsyyntyi ja huusi: "Kuka sanoo, ettei hän ole kukaan? Kun minä sanon, etten ole kukaan, kuka väittää, ettei hänkään ole kukaan?"

Kuningas alkoi etsiä syyllistä ja huomasi sitten, että kyseessä oli kerjäläinen.

"Muista, että kun kuningas sanoo, että hän ei ole kukaan, kukaan toinen ei voi väittää samaa – varsikaan sinä, joka olet pelkkä kerjäläinen!" kuningas huusi.

Toisinaan jopa nöyryydestä tulee ylpeyden aihe!

Sanotaan, että todella nöyrä ihminen ei ole edes tietoinen omasta nöyryydestään.

Kauan sitten oli pyhimys, joka oli niin hyvä, että jopa jumalat laskeutuivat taivaasta tapaamaan häntä. He pyysivät Jumalaa antamaan pyhimykselle luvan tehdä ihmeitä, mihin Jumala suostui.

"Menkää ja kysykää, mitä ihmeitä hän haluaisi tehdä," Herra sanoi jumalille.

Kun jotkut jumalista – jotka olivat hyvin samanlaisia kuin Rooman jumalat ihmismäisine puutteineen – tulivat pyhimyksen luokse, he kysyivät, minkälaisia ihmeitä pyhimys haluaisi tehdä.

"En kaipaa muuta kuin Jumalan armoa. Jos ihminen saa osakseen Hänen armonsa, hänellä on kakki mitä tarvitaan," pyhimys vastasi.

"Mutta sinun täytyy pyytää itsellesi armolahjaa tai sellainen annetaan sinulle väkisin," tietämättömät jumalat sanoivat.

"Hyvä on," pyhimys vastasi. "Suo, että voin tehdä hyvää tietämättäni."

Jumalat olivat hämmennyksissä. He kokoontuivat ja kehittelivät suunnitelman. Joka kerran kun pyhimyksen varjo lankesi hänen tietämättään johonkin, sillä olisi voima parantaa sairauksia ja suoda kärsiville lohtua. Niinpä, missä hyvänsä pyhimys liikkuikaan, kuivuneet polut viheriöivät, kuihtuneet puut kukkivat, kuivuneet joenuomat täyttyivät vedellä ja ihmiset hänen ympärillään tulivat onnellisiksi. Eikä hän tiennyt tästä itse mitään. Hän jatkoi yksinkertaista, päivittäistä elämäänsä levittäen ympärilleen hyveellisyyttä niin kuin kukka levittää tuoksuaan, olematta siitä itse tietoinen.

Ponnistelu ja armo

Eräänä aamuna ryhmä *ashramin* asukkaita istui aukiolla majan edessä, jossa Amma asui tuohon aikaan. Amma oli istuutunut meditoimaan jo ennen kuin saavuin paikalle. Istuuduin hiljaa omalle paikalleni. Yrittäessäni meditoida, havaitsin, että oli kuin olisin yrittänyt hallita humalaista apinaa. Yhtäkkiä mielestäni tuli hiljainen ja keskittynyt. En voinut käsittää mitä oli tapahtunut. Avasin silmäni ja näin Amman istuvan meditaatioon vaipuneena noin kuuden metrin päässä minusta. Nousin ylös ja menin majaan lepäämään. Vähän ajan kuluttua Amma tuli sisään ja kysyi, miten meditaationi oli sujunut. Kun kerroin hänelle mitä oli tapahtunut, hän sanoi:

"Kun saavuit ja istahdit paikoillesi, tunsin sinut lähelläni, silloin mieleni suuntautui sinuun, se omaksui Brahmanin muodon ja kulki ylitsesi. Siksi mielestäsi tuli keskittynyt."

Miten mieli voi ottaa Brahmanin muodon? Minulla ei ole aavistustakaan siitä mistä oli kyse, mutta näin Amma ilmaisi asian.

"Amma, oliko se sinun armosi?"

"Miksi epäilet?"

"Haluaisin tehdä siitä pysyvämmän. Miten saan osakseni enemmän tuota armoa?"

"Poikani, et voi ostaa sitä kaupasta, sinun tulee kaivata sitä. Siinä kaikki."

"Tarvitseeko minun ansaita se?" tiedustelin.

"Et voi ansaita sitä. Armo ei ole jotakin mikä ansaitaan. Se vain virtaa. Jatka henkisiä harjoituksiasi ja kun Ammasta tuntuu siltä, armo virtaa sinuun, siinä kaikki."

Ehkäpä jotkut Amman seuraajista saattavat ajatella, että olen meditoinut kymmenen minuuttia tänään, joten minun pitäisi saada osakseni ainakin viisi sekuntia armoa. Armon eteen työskentelyä ei voi verrata yrityskauppaan. Meidän tulee työskennellä sen eteen, mutta meistä voi tuntua, että emme saa sitä osaksemme edes kokonaisen elämän jälkeen. Siitä huolimatta meidän tulee tehdä velvollisuutemme ja odottaa.

Jotkut saattavat sanoa, että tuo henkilö ei ole tehnyt juurikaan henkisiä harjoituksia ja silti hän sai osakseen Jumalan armon ja hänestä tuli pyhimys yhdessä yössä, tuosta vain. Jos kohtaamme tällaisia harvinaisia sieluja, heidän on täytynyt tehdä suurta *tapasia*, itsekuriharjoituksia, edellisissä elämissään.

Pohjois-Intiassa on monia vanhoja kartanoita, jotka on rakennettu satoja vuosia sitten Ison-Britannian hallitessa maata. Eräänä päivänä puutarhuri ja hänen apulaisensa siivosivat erään kartanon mailla poistaen rikkaruohoja ja villinä rehottavaa kasvustoa. Samassa puutarhurin kenkä osui johonkin ja vettä alkoi suihkuta ilmaan. Työntekijät hämmästyivät ja huudahtivat:

"Mistä tuo tuli?"

Kun he raivasivat kasvustoa, he löysivät kokonaisen suihkulähteen, jonka vuosikymmeniä rehottanut aluskasvillisuus oli haudannut alleen. Samalla tavoin, kun kuulemme jonkun saavuttaneen korkean henkisen tilan ilman ponnistelua tai lähes olemattoman ponnistelun jälkeen, se ei ole johtunut erityisestä armosta, vaan siitä että hän on tehnyt edellisissä elämissään voimallisia henkisiä harjoituksia, jotka kantoivat nyt hedelmää.

Kerran kun pieni lintu muni munansa meren rannalle, aallot veivät munan mennessään. Lintu oli tästä suruissaan ja vihoissaan. Voidakseen kuivattaa valtameren ja saada munansa takaisin, se ryhtyi kastelemaan siipiään valtamereen ja ravistelemaan veden rannalle. Näin jatkui pitkään, kunnes lintujen taivaallinen kuningas Garuda tuli katsomaan mitä hänen pieni seuraajansa touhusi.

"Mitä ihmettä sinä teet?" se kysyi pieneltä linnulta.

Kuultuaan linturaukan ongelmasta Garudan sydän suli myötätunnosta. Se ryhtyi lyömään siivillään meren pintaa ja koska se oli hyvin voimakas, se synnytti valtaisia hyökyaaltoja ja sai meren ja sen olennot levottomaan tilaan. Lopulta merenjumala ilmestyi ja kysyi:

"Mikä hätänä, Herra?"

"Otit tämän pienen linnun munan," Garuda vastasi.

"Otinko? En edes huomannut ottaneeni sitä."

"Anna se takaisin, muuten jatkan pintasi läiskimistä siivilläni, kunnes kuivut."

Meri ryhtyi etsimään, löysi munan ja palautti sen pikkulinnulle.

Tämä tarina on *Upanishadeista*.[15] Se kuvaa armon toimintatapaa. Vaikka pyrkimyksemme rauhoittaa mieli ja kokea Itse tuntuu nykyisessä tilassamme, jossa samastumme kehoomme ja mieleemme, näennäisesti mahdottomalta tehtävältä, kova ponnistelumme saa lopulta Gurun sydämen sulamaan ja armon virtaamaan, hän poistaa *mayan*, harhan rippeetkin mielestämme ja kohottaa meidät todelliseen olemukseemme. Meidän tulee ponnistella ja odottaa. Guru tietää kyllä velvollisuutensa.

---

[15] *Upanishadit* ovat Intian pyhiä kirjoituksia, Veda-kirjojen filosofisia osioita, joissa selitetään *advaitaa*, ykseysfilosofiaa.

4. LUKU

Yhteys Jumalaan

Mansur Al Hallaj oli 800-luvun Persiassa elänyt sufi-mystikko. Häntä pidetään islamilaisen mystiikan kiistanalaisimpana hahmona ja Jumalan rakkaudesta humaltuneitten perikuvana. Ollessaan jumalallisessa mielentilassa hän julisti:

"Anna al Haqq – Minä olen totuus."

Ja toisinaan hän saattoi huudahtaa:

"Turbaaniini ei on kääritty muuta kuin Jumala. Eikä viitassani ole kuin Jumala. Olen Hän, jota rakastan ja Hän, jota rakastan olen minä. Olemme kaksi henkeä samassa ruumiissa. Jos näet minut, näet Hänet, ja jos näet Hänet, näet meidät molemmat."

Muslimit, jotka eivät olleet sufilaisia ja jopa jotkut sufilaisetkin pitivät tätä jumalanpilkkana, että joku menee ja sanoo olevansa totuus. Yksin Jumala on totuus. Kuinka kukaan voisi siis olla totuus? Tuohon aikaan ja tuossa paikassa elävät ihmiset olivat sitä mieltä, että oli hävytöntä mennä sanomaan tuollaista. Hänen mystinen väittämänsä johti pitkään oikeudenkäyntiin ja yksitoista vuotta kestäneeseen vankeuteen ja kidutukseen Baghdadissa, missä hänet teloitettiin. Sääli, ettei hän syntynyt Intiaan, missä hänenkaltaisiaan pidetään *mahatmoina*, valaistuneinta.

Hän oli oivaltanut *Atmanin*, Itsen. Hän koki selkeästi, että ruumis ei ollut hänen Itsensä. Kun Kalkutan suuri pyhimys Sri Ramakrishna kuuli seuraajiltaan 1800-luvulla, että tietämättömät kyläläiset olivat kiduttaneet ja murhanneet joogin viereisessä kylässä, hän sanoi:

"Ruumis syntyy ja kuolee, mutta sielu ei tunne kuolemaa. Tilanteemme muistuttaa betelpähkinää. Kun pähkinä kypsyy, se ei takerru enää kuoreensa. Mutta kun pähkinä on vihreä, sitä on vaikea irrottaa kuorestaan. Kun oivallamme Jumalan, emme samastu enää ruumiiseemme. Silloin tiedämme, että ruumis ja sielu ovat kaksi eri asiaa."

– The Gospel of Ramakrishna

Mansur Al Hallaj puhui samaan tapaan kuin Jeesus. Ennen Jeesusta kukaan ei kenties ollut saavuttanut Jumaloivalluksen pyhää tilaa Israelissa. Ilman pienintäkään epäröintiä hän julisti:

"Minä ja Isäni olemme yhtä. Jos tunnet minut, tunnet myös Isäni. Tästä alkaen tunnet Hänet ja olet nähnyt Hänet. Minä olen tie, totuus ja elämä."

Ihmiset, jotka olivat henkisesti tietämättömiä, tuhosivat lopulta myös hänet.

Nämä pyhimykset tiesivät olevansa yhtä absoluuttisen todellisuuden kanssa. Tämä kokemus on kaukana mielikuvituksemme rajojen tuolla puolen – että me olemme Se,[1] että olemme kuolemattomia ja ikuisia. Itseasiassa jopa maailmankaikkeuden kaukaisin tähti on sisällämme, ei ulkopuolellamme. Tämän kokemuksen Amma ilmaisee *Ananda Veethiyil* -laulussaan:

"Äiti (Devi) sanoi minulle, että minun tulisi kehottaa ihmisiä täyttämään ihmiseksi syntymisensä tarkoitus.

---

[1] Se-sana, isolla S-kirjaimella, viittaa Intian filosofiassa Absoluuttiin, *sanskritin* kielellä *Tat*.

Mieleni kukoisti, kylpi jumaluuden monivärisessä valossa. Tuosta päivästä alkaen en nähnyt enää mitään erilaisena tai erillisenä sisäisestä Itsestäni, kaikki oli samaa ykseyttä."

— Amma

Meidän tulisi pyrkiä tähän kokemukseen ja juuri siihen Amma haluaa innostaa meitä oman elämänsä esimerkillä. Sen tavoitteleminen on sen arvoista, menee siihen sitten miten paljon aikaa tahansa. *Bhagavad-Gitassa* sanotaan:

"Kun ihminen saavuttaa joogan avulla mielen hiljaisuuden ja kun hän näkee itsen avulla jumalallisen Itsen, hän on tyytyväinen Itseen.

Kun hän kokee äärettömän autuuden, joka ylittää aistit, ja kun hän vakiintuu tuohon tilaan, hän ei enää milloinkaan poistu Todellisuudesta.

Kun hän saavuttaa tuon tilan, jota joogit pitävät kaikista aarteista suurimpana, hän on vapaa suurimmankin onnettomuuden hetkellä.

Tuo tila tunnetaan joogana, kärsimyksistä vapaana tilana. Sen tähden joogaa tulee harjoittaa päättäväisesti ja vakaasti.

— Bhagavad-Gita VI:20-23

Ei ole olemassa mitään, mikä olisi yhtä arvokasta kuin Jumaloivallus. Sen tuolla puolen ei ole enää mitään muuta päämäärää. Jos saamme kokea edes aavistuksen Jumalasta, omasta todellisesta olemuksestamme, ymmärrämme, että kaikki nautinnot ja onni, jonka olemme saaneet kokea, on vain pieni heijastus Siitä. Jostakin syystä me olemme vain unohtaneet tämän, olemme kääntyneet

Siitä pois ja näin meistä on tullut ulospäin suuntautuneita, keho-
tietoisuuden rajoittamia sieluja.

Intian ainutlaatuisuus

Amma matkusti 1987 ensi kerran Yhdysvaltoihin. Menin hänen
huoneeseensa saapumisen jälkeisenä aamuna nähdäkseni miten
hän voi niin pitkän matkan jälkeen. Mielessäni oli myös kysymys,
jonka halusin esittää hänelle:

"Amma, Intian ikivanhoissa pyhissä kirjoituksissa, kuten
Srimad Bhagavatamissa sanotaan, että ihminen syntyy Intiaan
punyamin, suurten ansioiden takia. Mutta tultuani tänne ja
nähdessäni keskivertoihmisten elämän täällä ja Intiassa, minusta
vaikuttaa siltä, että ihmiset kärsivät Intiassa paljon enemmän.
Mikä on tuon sanonnan merkitys?"

En odottanut vastausta, jonka hän tuolloin antoi:

"Poikani, on totta, että keskivertoihmisen elämään
Intiassa sisältyy enemmän kärsimystä kuin ihmisten
elämään täällä. Mutta kun syntyy Intiassa, tulee tie-
toiseksi *sanatana dharman* filosofiasta, joka opettaa
meille että ihmiselämän lopullinen päämäärä on
Itseoivallus, vapautuminen näennäisesti loputtomasta
samsarasta, syntymän ja kuoleman kiertokulusta. Itse
asiassa *samsaran* ja *mokshan*, vapautumisen käsitteet ovat
ainutlaatuisia Intialle. Kun löydät ne muista maista,
voit olla varma, että niiden alkuperä juontaa juurensa
menneisyyden Intiaan. Intiassa on syntynyt tuhansien
vuosien ajan lukemattomia *mahatmoja* ja suuri jouk-
ko oppilaita on seurannut vapautuksen polkua. Nuo
värähtelyt kyllästävät ilmapiirin yhä tänäkin päivänä.
Voimme tuntea ne elämällä antaumuksellista, itsekurin

sävyttämää elämää. Tilanne ei ole samanlainen Intian ulkopuolella."

Olemme unohtaneet henkiset totuudet ja alkaneet elää täysin maallista elämää, maailma on alkanut näyttämään todelliselta ja Jumala tai Itse, on alkanut vaikuttaa täysin epätodelliselta. Mutta monet onnekkaat saavat kuitenkin tuntea pienen heijastuksen todellisuudesta ollessaan Amman syleilyssä. Hänen syleilynsä ohjaa lukemattomia sieluja vapautuksen polulle, kohti kärsimyksestä vapaata tilaa.

Krishna sanoo: "Tuo tila tunnetaan joogana, kärsimyksestä vapaana tilana. Sen tähden joogaa tulee harjoittaa päättäväisesti ja vakaasti."

Jos haluamme vapautua kaikenlaisesta kärsimyksestä – ruumiin, mielen ja tunne-elämän kärsimyksestä, kaikesta kuviteltavissa olevasta tuskasta – ei ole olemassa muuta keinoa, kuin saavuttaa joogan tila. Jooga tarkoittaa yhteyttä. Yhteyttä minkä kanssa? Oman Itsemme kanssa. Tällä hetkellä mieli ja ruumis vievät kaiken tilan Itseltämme. Olemme vieraantuneet todellisesta olemuksestamme. Tunnemme, että 'minä olen tämä ruumis, minä olen tämä persoonallisuus ja tämä ego'. Tämä on kärsimystä synnyttävä tila. Teemme erilaisia asioita päästäksemme eroon kärsimyksestämme. Nautintojen etsiminen on yritys unohtaa yksilöllisyyden, valheellisen pienen minuutemme synnyttämä kärsimys. Rakastamme unta niin kovasti, koska silloin saamme unohtaa pienen itsemme niin pitkäksi aikaa kuin unemme kestää. Välitön kokemus Itsestä sen sijaan merkitsee kärsimyksen loppua.

Meidän tulisi tehdä iloisesti ja päättäväisesti harjoituksia, jotka johtavat tähän. Miksi Krishna sanoo, "…iloisesti"? Yleensä ponnistelemme tyydyttääksemme halumme, mutta pyrkiessämme saavuttamaan kokemuksen Itsestä, havaitsemme että halut saavat mielemme ja aistimme suuntautumaan päinvastaiseen suuntaan. Yritämme rauhoittaa mielemme, jotta saisimme sen suuntautumaan sisäänpäin, alkulähteeseensä, mutta huolimatta halustamme menestyä tässä pyrkimyksessä menneisyyden halujen voima pitää mieltämme jatkuvasti rauhattomuuden tilassa ja ulospäin suuntautuneena. On kuin yrittäisimme upottaa korkkia veteen, mikä on lähes mahdoton tehtävä. Kun olemme ponnistelleet pitkään, saatamme pettyä ja masentua. Mutta todellisina etsijöinä emme anna periksi. Kuinka voisimmekaan? Olemme saaneet kokea Amman oppilaina jotakin, joka ylittää aistinautinnot. Olemme saaneet koskettaa Itsen uloimpia kerroksia ainakin hetkisen ajan sen henkisen voiman ansiosta, jota Amma säteilee kaiken aikaa ympärilleen. Useimmat meistä eivät voi unohtaa tuota puhtauden, viattomuuden ja yksinkertaisen rauhan tunnetta.

Krishna sanoo *Gitassa*:

"Hänen tulee vähä vähältä saavuttaa älynsä avulla mielen hiljaisuutta ja vakiintua Itseen välttäen muiden asioiden ajattelemista.

Kun levoton ja epävakaa mieli vaeltaa keskittymisen kohteesta pois, olipa syy sitten mikä tahansa, vetäköön joogi sen noista häiriötekijöistä pois ja palauttakoon sen jälleen Itsen hallintaan.

Joogi, joka hallitsee intohimonsa, rauhoittaa mielensä, ja joka on yhtä Korkeimman kanssa, saavuttaa korkeimman siunauksen.

Joogi, joka on vapaa epäpuhtauksista, joka harjoittaa joogaa kaiken aikaa, saavuttaa Jumalaan sulautumisen äärettömän autuuden."

– Bhagavad-Gita VI:25-28

Krishna muistuttaa meitä siitä, että kaikki halut syntyvät mielikuvista. Tämä tarkoittaa, että jos analysoimme halujamme, niissä on hyvin vähän todellista sisältöä. Kuvittelemme tulevamme onnellisiksi tyydyttäessämme halumme ja saammekin kokea hetken ajan nautintoa, mutta sitten kokemus haihtuu ja uusi halu ottaa entisen paikan. Ponnistelemme jälleen tyydyttääksemme myös uuden halumme ja näin jatkuu kuolemaan asti. Ajattelemme aina, että 'jos vain saan tuon, jos vain teen tämän, jos vain menen tuonne, tulen onnelliseksi', mutta onnellisuutemme ei kestä ja lopulta meistä voi tulla onnettomia.

Onnellisuus ja nautinto ovat kaksi eri asiaa

Tosiasiassa etsimme nautintoa maailmasta, mutta onnellisuus ja nautinto ovat kaksi eri asiaa. Koska emme ole pohtineet asiaa, oletamme, että nautinto *on* onnellisuutta ja ajattelemme, että jos vain voimme saada jatkuvasti nautintoja, tulemme olemaan aina onnellisia.

Mutta on mahdotonta nauttia kaiken aikaa vaikka monet ovatkin sitä yrittäneet, sillä nautinto on luonteeltaan rajoittunut. Aistielimemme väsyvät ja kyllästyvät liialliseen käyttöön ja sama koskee mieltämme. Sitä paitsi, se mikä lahjoitti meille nautintoa yhtenä hetkenä synnyttää kärsimystä toisena hetkenä. Ja riippumatta siitä kuinka paljon saamme nauttia, lopulta haluamme vetää mielemme pois kaikesta kokemisesta ja vaipua uneen, missä saamme kokea onnea, jota maailma ja aistit eivät ole tahranneet. Sen suo oman Itsemme sisäinen onnellisuus, jonka oma tietämättömyytemme peittää meiltä suurimman osan aikaa. Kun turvaudumme oikeanlaisiin menetelmiin, saamme kokea Itsen onnea ikuisesti hereillä ollessamme.

Hallitkaamme mieltämme askel kerrallaan

Kun opettelemme hallitsemaan mieltämme, älkäämme liioitelko, sillä niin tehdessämme masennus ja pettymys saattavat ottaa meidät valtaansa. On syytä edetä askel kerrallaan. Jopa nykyaikaiset tietokoneistetut autot tulee ajaa sisään hiljalleen tai muussa tapauksessa moottori saattaa vahingoittua. Asiantuntijat sanovat, että tulee välttää suurimpien nopeuksien kokeilua, kiihdytyskilpailuja ja painavien peräkärryjen vetämistä ensimmäisen tuhannenviidensadan kilometrin aikana. Samaten, jos aiomme ryhtyä nostamaan painoja emmekä ole harjoitelleet aiemmin, voimme reväyttää lihaksemme tai jotakin vielä pahempaa voi tapahtua, mikäli yritämme nostaa kerralla liian suuria painoja. Mutta jos kasvatamme lihaksiamme hitaasti ja vähitellen, mitään sen suuntaista ei pääse tapahtumaan. Mieli on eräänlainen lihas. Jos haukkaamme liian ison palan kerrallaan, saatamme joutua kokemaan psyykkisiä tai emotionaalisia ruoansulatushäiriöitä. Lopulta saatamme lannistua, masentua ja jättää henkisen elämän. Vaikka itsehillinnän tarkoituksena on hiljentää mieli ja keskittää se ajatukseen Jumalasta tai Itsestä, se vaatii elämäpituisen harjoituksen. Lopulta siitä tulee helppoa ja luonnollista niin kuin ratsastaisimme koulutetulla hevosella.

Kreikan mytologiassa on tarina, joka kuvaa tätä tapahtumaa mainiosti. Krotonin Milo oli myyttinen sankari, josta tuli maailman vahvin mies. Hän nosti ja kantoi vasikkaa joka päivä kylän läpi kunnes se oli kasvanut täysikokoiseksi sonniksi. Milosta tuli näin aina vain vahvempi, kun hän jatkoi vasikan kantamista samalla kun sen koko ja paino lisääntyivät. Näin hänen ruumiinsa pystyi sopeutumaan painon asteittaiseen lisääntymiseen. Kun toimimme samalla tavoin ja lisäämme asteittain henkisiin harjoituksiin käyttämäämme aikaa, voimme luontevasti saavuttaa tilan, jossa olemme jatkuvasti henkisessä mielentilassa.

Itsetutkiskelu

Krishna sanoo, että "Kun levoton ja epävakaa mieli vaeltaa keskittymisen kohteesta pois, olipa syy sitten mikä tahansa, joogi vetäköön sen noista häiriötekijöistä pois ja palauttakoon sen jälleen Itsen hallintaan." Tämä ajatus on tärkeä. Kun otamme päämääräksemme ajatusten kukistamisen, meidän tulee vähitellen kehittää itsessämme sisäänpäin katsovaa ominaisuutta. Yleensä emme tee näin. Katsomme ja ajattelemme muita ihmisiä ja asioita, mutta emme itseämme. Meidän tulee tarkkailla omaa mieltämme voidaksemme nähdä mikä sitä häiritsee niin paljon, että emme kykene keskittymään, että mielemme on rauhaton. Pohjimmiltaan kyse on mielen tottumuksesta suuntautua aistien kautta ulospäin. Krishna sanoo:

"Epävakaa ei kykene meditoimaan eikä vastaanottamaan jumalallista tietoa. Ja kenen mieli ei ole tyyni, hän ei löydä rauhaa. Ja kellä ei ole rauhaa, hän ei löydä onnellisuuttakaan.

Niin kuin tuuli, joka vie veden päällä liikkuvan veneen mennessään, niin vievät levottomat aistit, joita mieli ei valvo, erottelukyvyn mennessään.

Oi voimakasaseinen, ken hallitsee aistinsa aistikohteiden keskellä hänen viisautensa on vakaa."

– Bhagavad-Gita II:66-68

Tämä saattaa tuntua aluksi mahdottomalta tehtävältä, mutta se täytyy silti vain tehdä. Alamme vähitellen ymmärtämään miten meistä on tullut niin rauhattomia, niin hämmentyneitä. Meidän tulee käyttää itsetutkiskelun voimaa ja tuoda rauhaton mieli aina uudestaan ja uudestaan takaisin keskittymisen kohteeseemme. Tämä kehittää myös meissä tahdonvoimaa, jota monelta meistä puuttuu.

Vapautukaamme kaikesta kielteisyydestä

Meditatiivinen elämä ei ainoastaan rauhoita mieltämme, vaan mikä tärkeämpää, se johdattaa meidät kokemukseen "ikuisesta autuudesta, joka tulee yhteydestä korkeimpaan Brahmaniin". Kun *Bhagavad-Gita* puhuu synneistä vapautumisesta, sillä tarkoitetaan ajatuksiemme, puheittemme ja tekojemme seurausvaikutuksia, jotka estävät meitä kokemasta tilaa, jossa olemme yhteydessä Brahmanin autuuteen. Kun olemme vapautuneet mielemme tahroista, kaikista kielteisistä ominaisuuksista *sadhanan*, henkisten harjoitusten ja *tapasin*, itsekuriharjoitusten avulla, koemme autuaallisen yhteyden Jumalaan. Jumalalla tarkoitetaan mielen ja luomakunnan alkulähdettä, jonka menneisyyden kielteiset *karmat* ovat piilottaneet meiltä. Tuo kokemus on tekevä meistä täydellisiä.

Jeesus puhuu samaan tapaan:

"Teille on opetettu, rakasta lähimmäistäsi ja vihaa vihamiestäsi. Mutta minä sanon teille, rakastakaa vihamiehiänne ja rukoilkaa vainoojienne puolesta, jotta olisitte taivaallisen Isänne lapsia. Hän antaa aurinkonsa nousta niin hyville kuin pahoille ja lähettää sateen niin hurskaille kuin jumalattomille. Jos te rakastatte heitä, jotka rakastavat teitä, minkä palkan te siitä ansaitsette? Eivätkö publikaanitkin tee niin? Jos te tervehditte vain ystäviänne, mitä erinomaista siinä on? Eivätkö pakanatkin tee niin? Olkaa siis täydellisiä, niin kuin teidän taivaallinen Isänne on täydellinen."

– Matteuksen evankeliumi 5:43-48

On mielenkiintoista havaita miten Jeesuksen sanat heijastavat Amman opetusta universaalista rakkaudesta ja hänen elämällään antamaa esimerkkiä.

Jos saamme kokea edes hetkisen yhteyttä Brahmaniin, Jumalaan, tuo kokemus voi polttaa pois lukemattomien elämien aikana syntyneet *karmat.* Jos olemme saaneet nähdä vaikkapa vain pienen välähdyksen Siitä,[2] emme voi koskaan unohtaa tuota kokemusta elämämme aikana, niin voimallista on jumalallinen autuus.

Mayan voima

Amma sanoo:

> "*Maya*, illuusion valtaisa voima, työntää meitä takaisin päin, estäen meitä kehittymästä henkisesti. Vietämme päivämme kehotietoisuudessa, sydän täynnä kärsimystä. Mikä vahinko, että halun paholainen pääsee vaikuttamaan meihin harhaisten houkutusten avulla, potkaisten meidät *mayan* pimeisiin syvyyksiin ja näin meistä tulee ravintoa kuoleman jumalalle. Jos jäätte hänen otteeseensa, voi teitä, sillä te menetätte sielunne. Kaikki murheenne päättyvät, jos vain luovutte haluistanne ja turvaudutte yksin Jumalaan."

> *– Amma*

Mitä *maya* on? Jokainen meistä on *mayan* vallassa kaiken aikaa, vaikka emme olisi tietoisia siitä. Olemme kuin kalat meren syvyyksissä, tietämättöminä meren valtavuudesta päällämme ja maasta ja taivaista sen yläpuolella.

Eräs henkilö sanoi minulle kerran:

"Tässä yhtenä päivänä *maya* sai minusta otteen. *Vasanani*[3] nousivat pintaan."

---

[2] Sanalla 'Se', sanskritiksi 'Tat', viitataan Intian filosofiassa Brahmaniin, kaiken alkulähteeseen.

[3] *Vasanat* tarkoittavat kielteisiä ominaisuuksiamme, jotka ovat kertyneet meihin tämän elämän ja edellisten elämien aikana. *Vasanat* peittoavat

Kysyin häneltä:

"Onko olemassa hetkeä, jolloin *maya* ei pitäisi meitä otteessaan? Onko olemassa hetkeä, jolloin *vasanamme*, kielteiset ominaisuutemme eivät nousisi pintaan? Ehkä tarkoitat, että tulit tietoiseksi joistakin vahvemmista *vasanoistasi*. Ainoastaan *samadhissa vasanat* eivät nouse pintaan, tuossa tilassa ei ole *mayaa*, harhaa."

Meidän tulee ymmärtää tilamme vakavuus. Olemme aina *mayan* harhavoiman alaisia, *vasanamme*, ehdollistumamme ovat aina läsnä. Ne eivät ole koskaan poissa, eivät hetkeäkään, ne ilmenevät jopa unissamme. Ne ovat meissä jopa syvässä unessa, piilevässä muodossa tosin, odottaen tilaisuutta ilmetä heti kun heräämme. *Maya* saa meidät unohtamaan todellisen olemuksemme ja samastumaan virheellisesti ruumiiseemme. Se tekee meistä ulospäin suuntautuneita, mikä saattaa olla hyväksi maallisessa elämässä, mutta ei meille, jotka yritämme päästä *mayan* tuolle puolen. Meidän tulee kääntää katseemme sisäänpäin, omaan Itseemme, ei siitä poispäin.

Amma ilmaisee asian samaan tapaan: "Se saa meidät valitsemaan harhaa täynnä olevia houkutuksia ja potkaisee meidät sitten *mayan* syvyyksiin, tehden meistä ravintoa kuoleman jumalalle."

Vedoissa on *mantra*, joka kuuluu näin:

"Johdata minut epätodellisesta todelliseen, pimeydestä valoon ja kuolemasta kuolemattomuuteen!"

– Brihadaranyaka Upanishad 1.3.28

Tällainen on tilanteemme tässä ja nyt. Elämme *mayan*, tietämättömyyden pimeydessä. Emme näe Jumalan valoa, emme tunne kuolemattomuutta. Tiedämme, että tulemme kuolemaan. Amma sanoo, että *voimme* kokea kuolemattomuutemme. Voimme mennä kuoleman tuolle puolen, mutta tämä ei ole mahdollista,

meissä puhtaan tietoisuuden alleen.

jos annamme *mayan*, harhan, huijata meitä. *Maya* saa meidät näkemään vain asioiden nautinnollisen puolen, eikä koskaan niihin sisältyvää kärsimystä. Jos näemme asian tuskallisen puolen, se on merkki armosta. Yrittäessämme päästä *mayan*, harhan, tuolle puolen, nautinto pettää meitä alati. Emme ole sanomassa, etteikö nautintoa olisi olemassa, nautinto on olemassa, se on hyvin todellista. Mutta lopulta kärsimys saa meidät menemään *mayan* tuolle puolen, etsimään turvaa olemuksemme syvimmästä, Jumalasta. Se saa meidät etsimään tietä ulos näennäisesti ikuisesta orjuudestamme, sen sijaan että uppoutuisimme jatkuvasti vain maailmallisuuteen.

Leijona ja aita

Leijona saatiin pyydystettyä ja se heitettiin suljettuun aitaukseen, missä se näki ihmetyksekseen toisia leijonia, jotka olivat eläneet siellä vuosia, jotkut koko elämänsä, sillä ne olivat syntyneet siellä. Tulokas oppi nopeasti leirissä elävien leijonien tavat. Ne olivat muodostaneet erilaisia ryhmiä. Yksi ryhmistä koostui niistä, jotka rakastivat sosiaalista elämää, toinen ryhmä nautti viihteestä. Kolmas ryhmä oli suuntautunut kulttuuriin, sen tarkoituksena oli varjella perinteitä ja historiaa niiltä ajoilta, jolloin leijonat olivat vielä vapaita. Yksi ryhmistä oli uskonnollinen, se kokoontui laulamaan koskettavia lauluja tulevaisuuden viidakosta, missä ei olisi aitoja. Toinen ryhmä houkutteli piiriinsä niitä, jotka olivat kirjallisia ja taiteellisia luonteeltaan. Eräs ryhmistä oli vallankumouksellinen, ne tapasivat juoniakseen vangitsijoitaan tai muita vallankumouksellisia ryhmiä vastaan. Aina silloin tällöin puhkesikin vallankumous ja joku ryhmistä tuhosi toisen ryhmän tai kaikki vartijat tapettiin ja heidät korvattiin uusilla vartijoilla.

Kun tulokas katseli ympärilleen, se huomasi yhden leijonista olevan syvissä mietteissä, se oli yksinäinen leijoja eikä kuulunut mihinkään ryhmään vaan pysytteli toisista erillään. Siinä oli jotakin outoa, joka herätti toisissa ihailua tai vihamielisyyttä, sillä sen olemus synnytti toisissa pelkoa ja epävarmuutta. Se sanoi tulokkaalle:

"Älä liity mihinkään ryhmään. Nuo onnettomat typerykset touhuavat kaikkea muuta paitsi sitä mikä olisi oleellista."

"Ja mitä se sitten olisi?" tulokas kysyi.

"Aidan rakenteen tutkiminen."

Ulkoasu voi pettää

Ulkoinen olemus peittää meidät helposti, varsinkin kauneus. Nähdessämme kauniin tai komean ihmisen, oletamme helposti, että kyseessä on hyvä ihminen. Näin ei kuitenkaan välttämättä ole asian laita, kaukana siitä. Komein tai kaunein ihminen saattaa olla sisäisesti varsinainen paholainen. Ruman tai tavallisen näköinen ihminen saattaa olla enkeli. Emme voi tietää, toisin kuin Amma, emme näe ihmisten sisälle, heidän mieltään ja sydäntään.

Buddha oli hyvin vaikuttava olento. Hänen seuraajiensa joukossa oli tuhansia, joita maailmasta luopumisen sanoma innosti. Kerran Buddha saapui vaellusmatkoillaan kylään, missä paikalliset ihmiset johdattivat hänet tilaisuuteen, jossa monet ihailijat odottivat saadakseen kuulla hänen puhuvan. Mutta Buddha ei sanonut mitään, lopulta eräs ihmisjoukon keskuudessa oleva sanoi:

"Swamiji, mistä johtuu, että ette aloita *satsangiannne?*"

Buddha vastasi:

"Odotan vielä yhtä ihmistä saapuvaksi."

Paikalla oli rikkaita ja oppineita, eri ammattien edustajia ja valtion viranomaisia, kaikki lähialueen tärkeät ihmiset.

"Kenestä on kyse?" mies uteli. "Olemme kaikki täällä. Kuka puuttuu?"

Lopulta ryysyihin pukeutunut paimentyttö saapui, hän seisahtui väkijoukon reunamille.

"Nyt voin aloittaa, hän on saapunut," Buddha sanoi.

"Odotitteko tuota tyttöä? Emme edes tienneet, että tällainen tyttö on olemassa."

"Hän on ainoa tässä kylässä, joka on vastaanottavainen. Hän on itkenyt perääni, hän janoaa elämää *dharmassa*. Hän on rukoillut minua, tietäen että olen tulossa. Tunsin jo edellisessä kylässä hänen rukouksensa ja sen tähden tulin. Tulin hänen takiaan, en teidän takianne."

Olemme nähneet Amman toimivan samalla tavoin heidän kanssaan, jotka ikävöivät hänen läheisyyttään. Moni on saanut kokea tämän. Joku itkee ihmisjoukon keskellä Ammaa, jolloin hän katsoo heti hänen suuntaansa, nostaa kulmakarvojaan tai hymyilee hänelle. Tämä on "paikallispuhelu", mutta on myös "kaukopuheluita".

Kerran Amma meni erääseen kaupunkiin tapaamaan seuraajiaan. Kesken vierailunsa hän nousi ylös, käveli ulos ovesta ja suuntasi kulkunsa läheisen pellon poikki. Hän käveli hieman yli kilometrin verran, kunnes hänen seurassaan olleet oppilaat alkoivat ihmetellä mihin hän oli menossa. Lopulta hän saapui taloon, missä asui kolme ranskalaista naista, jotka opiskelivat läheisessä oppilaitoksessa *kathakalia*, Keralan ikivanhaa näyttelijäntyön tekniikkaa. He olivat vierailleet useita kertoja Amritapurin ashramissa, Ammaa tapaamassa ja tiesivät hänen vierailevan kylässä seuraajiensa luona, mutta jostain syystä he eivät kyenneet tulemaan paikalle, joten he istuivat talossa tekemässä *pujaa* Amman valokuvan edessä, itkien sydämensä pohjasta.

"Oi Amma, voimmeko jotenkin tavata sinut? Etkö voisi tulla luoksemme?"

61

He tiesivät toki, ettei se ollut mahdollista. Mutta juuri tuolla hetkellä Amma astui ovesta sisään. Se oli kaukopuhelu. Toisin kuin me, Amma tuntee ihmisten sydämet.

Kuningas Midaksen tarina

Jotkut ihmiset kuvittelevat, että raha on kaikki kaikessa. He tekevät yötä päivää töitä sen eteen. He ajattelevat, että jos heillä vain olisi enemmän rahaa, he olisivat onnellisempia, mutta toisinaan rikkaat ihmiset ovat onnettomia ja köyhät onnellisia. Tämä on *mayan* petollista toimintaa.

Kauan sitten oli kuningas nimeltä Midas, joka rakasti kultaa niin suuresti, että piti sitä tonnikaupalla palatsinsa alla olevassa kammiossa. Hän meni kammioonsa joka päivä ja huudahteli siellä:

"Tämä on niiiiiin mahtavaa!"

Kullan näkeminen, kosketus ja ääni riemastuttivat häntä.

Midaksella oli suloinen nuori tytär, joka merkitsi hänelle äärettömästi. Tytön nimi oli Kehäkukka, mikä johtui siitä että hän rakasti kehäkukkia.

Eräänä päivänä kun Midas oli kultaa täynnä olevassa aarre-kammiossaan, hän kuuli äänen huoneessa. Hän kääntyi ympäri ja näki suurikokoisen miehen valkoisessa kaavussa katsovan häntä paheksuva ilme kasvoillaan.

"Midas, sinulla on paljon kultaa, eikö totta?"

"Totta, minulla on kultaa, mutta maailmassa on paljon enemmän kultaa, paljon enemmän kuin mitä minulla on."

Mies sanoi:

"Tarkoitatko, että et ole tyytyväinen? Sinulla on kasapäin kultaa ja silti et ole tyytyväinen?"

"Tyytyväinen? Kuinka voisin ikinä olla tyytyväinen? Olipa minulla kultaa kuinka paljon tahansa, en ikinä voisi olla tyytyväinen," kuningas sanoi.

"Hämmästyttävää. No, minä toteutan toiveita, onko sinulla jokin toive, jonka haluaisit täyttyvän?" mies kysyi.

Hetkeäkään epäröimättä kuningas vastasi:

"On minulla, toivon että se mitä kosketan, muuttuisi kullaksi."

"Oletko varma, että haluat juuri tuota?" mies kysyi.

"Tottakai olen, se olisi ihanaa. Se tekisi minut erittäin onnelliseksi."

"Olkoon niin. Huomenaamulla, kun auringon ensi säteet lankeavat, mitä tahansa kosketatkin muuttuu kullaksi."

Ja sitten mies katosi. Midas ajatteli nähneensä unta tai näyn. Sitten hän meni nukkumaan.

Kun Midas heräsi aamulla, hän kosketti peittoaan nähdäkseen oliko kaikki ollut unta, mutta peitto ei muuttunut kullaksi. Syynä oli se, että auringon säteet eivät olleet vielä ylittäneet horisonttia. Kun aurinko kohottautui, Midaksen käsi osui peittoon ja se muuttui kullaksi! Midas huudahti:

"Se toimii!"

Hän hyppäsi ylös ja alkoi juosta ympäri huonetta kosketellen kaikkea ja kaikesta tuli kultaa. Hän oli ikionnellinen. Kun hän katsoi puutarhaan, hän ajatteli heti muuttavansa kukatkin kullaksi ilahduttaakseen tytärtään.

"Se tekee hänet niin iloiseksi, jos teen kaikista kukista kultaisia!" hän sanoi, meni ulos ja kosketteli kukkia.

Kun hän palasi huoneeseensa, hän näki kirjan, jota oli lukenut edellisenä iltana ja otti sen käteensä lukeakseen. Hupsista! Siitäkin tuli kultaa.

"Voi ei, nyt en voi lukea enää kirjaa. No, ei se haittaa, parempi vain että sekin on kultaa," hän sanoi itsekseen.

Samassa hän tunsi itsensä nälkäiseksi ja pyysi palvelijaansa tuomaan tavallisen aamiaisannoksensa – kahvia, sämpylöitä ja hedelmiä – mutta kun hän yritti syödä, kaikki muuttui kullaksi. "Voi ei. Miten voin nyt syödä aamiaista?"

Jopa vesilasillinen muuttui kullaksi. Tilanne alkoi vaikuttaa vakavalta. Hän ei tiennyt mitä olisi tehnyt. 'Mitä minä nyt teen? Kuolenko nälkään? En voi syödä kultaa,' hän ajatteli. Kun hän istui siinä itkemässä, Kehäkukka tuli sisään kultaisia kukkia käsissään.

"Isä, mitä ihmettä kauniille kukilleni on tapahtunut? Ne eivät tuoksu enää, eivätkä kasva, eivätkä liiku, ne ovat jähmettyneet paikoilleen."

"Voi tyttäreni, ajattelin että pitäisit niistä enemmän tällaisina."

"Haluan eläviä kukkia, en kuolleita kullan palasia!" tytär huusi.

Kun hän näki miten onneton hänen isänsä oli, hän meni tämän luokse ja syleili häntä.

"Isä, mikä vi-?"

Mutta hän ei ehtinyt lausua k-kirjainta, sillä hän muuttui kullaksi, kultaiseksi patsaaksi. Tämä oli jo liikaa. Kuningas kaatui itkien maahan, valittaen kohtaloaan. Tuolla hetkellä hän kuuli takaansa äänen:

"Kuningas Midas, etkö olekaan onnellinen? Sait toiveesi täytettyä, kaikki mihin kosketit, muuttui kullaksi."

"Olen maailman onnettomin mies. Ole kiltti ja anna minulle tyttäreni takaisin. En halua enää kultaa. Jos minusta vain voisi tulla jälleen tavallinen ihminen, antaisin kaiken kultani."

Ääni sanoi:

"Mene ja kylve joessa ja tuo kannullinen vettä tullessasi. Mitä hyvänsä haluatkin muuttaa jälleen kullasta takaisin entiselleen, ripottelet vain vettä sen päälle."

Kun kuningas Midas oli muuttanut kaiken jälleen ennalleen, hän ei enää ikinä halunnut edes nähdä kultaa. Ainoa kulta, josta hän piti kaiken tuon jälkeen, oli auringonvalon kulta ja hänen tyttärensä kullanhohtoiset hiukset.

Niinpä meidän ei tulisi antaa ulkoasun pettää itseämme. Useimmille ihmisille raha näyttää olevan onnen lähde ja kauneus voi vaikuttaa sellaiselta. Niillä on toki arvonsa, mutta ne eivät ole yhtä rakkaita meille kuin todellinen Itsemme. Jonakin päivänä tulemme oivaltamaan, että kaikkein tyydyttävin asia on ikuinen autuus, joka tulee yhteydestä Brahmaniin, Jumalaan. Tuo samainen Brahman on meidän Ammamme, oma Itsemme.

5. LUKU

Guru on välttämätön

Amma sanoo:
"Guru on henkiselle etsijälle korvaamaton. Jos lapsi menee lammen rannalle, äiti varoittaa häntä ja opastaa lapsen pois. Samalla tavoin Guru antaa sopivia ohjeita, silloin kun se on tarpeen. Hänen huomionsa on aina opetuslapsessa."

Tätä perinteistä näkemystä on noudatettu Intiassa jo tuhansien vuosien ajan.

Kaikilla heillä, jotka ovat saavuttaneet menneinä aikoina Itseoivalluksen, on ollut oma henkinen opettajansa, lukuun ottamatta muutamia harvoja poikkeuksia. Nämä poikkeusihmiset joko syntyivät täydellisinä tai sitten he olivat tehneet niin paljon *sadhanaa*, henkisiä harjoituksia, Gurun ohjauksessa edellisissä elämissään, että heillä oli enää hyvin vähän tehtävää nykyisessä elämässään saavuttaakseen lopullisen oivalluksen. Tällaisille suurille olennoille ikuinen Guru tai Jumala loisti heidän tietoisuutensa sisäisenä valona ja ohjasi heidät loppuosan matkasta. Emme voi verrata itseämme heihin. Meille Guru on välttämätön.

Namdevin tarina

Intian Maharashtrassa asui 700 vuotta sitten merkittävä pyhimys nimeltä Namdev. Hän ei ollut mikään tavallinen Jumalan palvoja. Jo lapsena hän kykeni näkemään Vishnun, jota hän kutsui

Vithobaksi. Hän leikki Vishnun kanssa niin kuin lapsi leikkii ystävänsä kanssa. Lopulta Vishnu oli sitä mieltä, että Namdevin oli aika edetä *sadhanassaan*, henkisissä harjoituksissaan seuraavalle tasolle, jotta hän voisi nähdä ja tuntea Jumalan läsnäolon sekä sisällään tietoisuuden valona että ulkopuolisessa maailmassa luomakuntana. Hän kehotti Namdevia menemään Terdokiin, minne *mahatmoja* saapuisi viettämään vuotuista uskonnollista festivaalia.

Monet tuon aikakauden maineikkaat pyhimykset kuten Jnanadev, Nivruttinath, Sopanadev, Muktabai ja Chokhamela kokoontuivat savenvalajapyhimys Gora Kumbharin talolle. Kun nämä merkittävät *mahatmat* olivat istuutuneet, Jnanadev pyysi Goraa käyttämään kykyään poltettujen ruukkujen eheyden testaamisessa, jotta voitaisiin selvittää, ketkä paikalle kokoontuneista pyhimyksistä olivat todella 'kypsiä'. Gora otti ruukkujen testaamiseen tarkoitetun keppinsä ja kopautti jokaista pyhimystä hellävaroen päähän kuin kokeillakseen heidän henkistä kypsyyttään. Kaikki pyhimykset suostuivat tähän nöyrästi, mutta kun Gora tuli Namdevin kohdalle, tämä nousi kiukuissaan seisomaan, nähdessään tämän kaikki purskahtivat nauruun. Gora julisti, että Namdev ei ollut vielä kypsynyt, että hän oli vielä henkisesti epäkypsä. Namdev, joka oli hämmentynyt ja tunsi itsensä nöyryytetyksi, juoksi rakkaan Vithobansa luokse temppeliin. Kun Namdev valitti Vithoballe kaikkea sitä, mitä oli tapahtunut, tämä vastasi, että pyhimykset kyllä tiesivät mikä oli kullekin parhaaksi. Tämä odottamaton vastaus masensi entistä enemmän Namdeviä.

Hän sanoi:

"Sinä olet Jumala. Keskustelen ja leikin Sinun kanssasi. Voiko ihminen enää enempää saavuttaa?"

Vithoba pysyi järkähtämättömänä.

"Pyhimykset tietävät."

"Kerro minulle, onko olemassa mitään todellisempaa kuin Sinä." Namdev kysyi.

Vithoba vastasi kärsivällisesti:

"Olemme olleet niin kauan läheisiä keskenämme, että minun neuvoillani ei ole sinuun toivottavaa vaikutusta. Etsi metsistä käsiisi kerjäläispyhimys Vishoba Kechar ja tulet tuntemaan Totuuden."

Kun Vithoba oli kuullut mitä Namdev oli sanonut, hän lähti vastentahtoisesti etsimään Vishoba Kecharia, muttei vaikuttunut miehen pyhyydestä, sillä tämä makasi alastomana ja likaisena temppelin lattialla ja piti jalkojaan Shivalingan[1] päällä. Namdev mietti miten tämä mies saattoi olla pyhimys. Pyhimys hymyili Namdeville ja kysyi:

"Lähettikö Vithoba sinut tänne?"

Tämä yllätti Namdevin, minkä jälkeen hän oli hieman taipuvaisempi uskomaan, että tämä mies saattoi sittenkin olla suuri. Namdev sanoi hänelle:

"Sinun sanotaan olevan pyhimys, joten miksi häpäiset lingan?"

Pyhimys vastasi:

"Todellakin. Olen liian vanha ja heikko tehdäkseni asiat oikein. Ole hyvä, nosta jalkani ja aseta ne paikkaan, missä ei ole lingaa."

Niinpä Namdev nosti pyhimyksen jalat ja asetti ne toisaalle, mutta uusi linga ilmestyi niiden alle. Minne tahansa *mahatman* jalat asetettiinkin, niiden alle ilmestyi aina linga. Ärsyyntynyt Namdev asetti jalat lopulta omaan syliinsä, minkä seurauksena hän vaipui *samadhiin*. Hän ymmärsi nyt Jumalan olevan kaikessa

---

[1] *Shivalinga* on ovaalin muotoinen pyhä kivi, jota pidetään äärettömyyden, Brahmanin vertauskuvana.

69

ja opittuaan tämän totuuden hän poistui kumartaen juuri löytämälleen Gurulle.

Hän meni nyt kotiinsa, mutta ei ilmestynyt temppeliin moneen päivään. Vithoba tuli etsimään häntä kysyäkseen miksi Namdev ei käynyt temppelissä katsomassa häntä. Namdev sanoi: "Onko olemassa paikkaa, jossa Sinä et ole?"

Ilman Gurun armoa Namdev ei olisi ikinä oivaltanut tätä totuutta.

Namdev lähti jälleen kerran Goran talolle. Hän halusi kumartua *mahatmojen* eteen ja pyytää heiltä anteeksi, mutta heti kun hän astui sisään, kaikki pyhimykset nousivat ylös ja sanoivat: "Katsokaa, tuolla tulee Namdev, hänellä on nyt Guru."

He syleilivät Namdevia ja toivottivat hänet tervetulleeksi *satsangiin*.

Henkiset oppilaat eivät kykene tiedostamaan kaikkia mielessään olevia esteisä. *Maya*, tuo yleismaailmallinen harhan voima, joka pitää meidät tietämättömyyden tilassa omasta todellisesta olemuksestamme, on käsittämätön. Ainoastaan hän, joka on ylittänyt *mayan* Itseoivalluksen avulla, ymmärtää sen todellisen luonteen. Vain tällainen *mahatma* tietää millä tavoin tietämätöntä sielua tulee ohjata tilaan, joka on *mayan* tuolla puolen. Ainoastaan hän, joka on kiivennyt vuorelle ja saavuttanut sen huipun, voi ymmärtää sille johtavan polun kaikki mutkat.

Arunachalalle kiipeäminen

Eräänä päivänä minussa heräsi halu kiivetä Arunachalavuoren huipulle, joka sijaitsee 490 metrin korkeudella, asuinhan tuohon aikaan siellä. Reitti näytti varsin mutkattomalta, kiipeäisin vain lyhintä reittiä ylös. Ongelmana oli vain se, että jos yrittäisin tehdä näin, saapuisin paikkaan mistä en pääsisi enää eteenpäin ja sitten minun täytyisi palata takaisin alkupisteeseen, luultavasti

puolikuolleena väsymyksestä ja janosta. Olin keskustellut toisten
kanssa, jotka olivat tehneet tuon virheen ja niinpä päätin seurata
neuvoa kulkea perinteistä polkua pitkin, jota oppilaat käyttivät
vuosittaisen Kartik Deepam-juhlan aikaan. Tuolloin vuoren
huipulle laitettiin valtava pata, joka täytettiin *ghiillä*, puhdiste-
tulla voilla ja siihen asetettu sydänlanka sytytettiin palamaan.
Liekki edusti viisauden valoa, joka karkottaa tietämättömyyden
pimeyden, joka asustaa kaikissa luoduissa olennoissa. Tuli näkyi
kilometrien päähän. Sadattuhannet palvojat kerääntyivät sin-
ne nähdäkseen sen. Amma vieraili siellä kolme kertaa niiden
ensimmäisten vuosien aikana, jotka vietin hänen kanssaan
Amritapurissa.

Kummallisinta on se, että jos katsomme kukkulaa ja seu-
raamme palvojien käyttämää reittiä, heidän käyttämänsä kulku-
suunta näyttää järjenvastaiselta, aivan kuin he olisivat menossa
väärään suuntaan. Mutta kun kiipeämme tuota polkua pitkin ja
saavutamme huipun, näemme, että ei ole olemassa mitään muuta
reittiä, vaikka aluksi näyttäisi päinvastaiselta. Tässä kuvastuu
hyvin miten tärkeä sekä ulkoisessa että sisäisessä maailmassa on
asioista perillä oleva ja kokenut opas.

Oppilas on kuin tietämätön lapsi

”Ainoa todellinen viisaus on tietää, että et tiedä mitään.”
”Tiedän olevani viisas tietäessäni, että en tiedä mitään.”

– Sokrates

Amma vertaa opetuslasta tai *sadhakaa*[2] lapseen, tietämättömään
lapseen, joka ei itse asiassa tiedä mitä hän itse tekee eikä mitä Guru
tekee. Gurulla on ainutlaatuinen ja äärimmäisen vaikea tehtävä
puhdistaa jatkuvasti oppilasta, poistaa kaikki pöly hänen mielen-

---

[2] *Sadhaka* on henkinen oppilas.

sä peilistä, jotta oppilas voisi kokea totuuden omasta Itsestään. Ihmiset keräävät kaikesta huolimatta paljon tietoa ennen kuin menevät *mahatman* luokse ja ajattelevat sitten voivansa käyttää tuota tietoa henkisessä elämässään. Tosiasiassa se auttaa meitä harvoin, sillä tuo tieto muodostuu usein vain esteeksi meidän polullemme. Henkisyyttä ei voi omaksua kirjoista. Vain valaistuneen mestarin seura ja armo, yhdistyneenä omiin henkisiin harjoituksiimme voi synnyttää todellisen henkisyyden meissä.

Eräs munkki asusteli metsän keskellä olevassa *ashramissa*. Filosofian professori läheisestä kaupungista tuli tapaamaan häntä kysyen:

"Kertoisitteko minulle jotakin henkisyydestä, sisäisestä todellisuudesta ja siitä kuinka se voidaan saavuttaa."

Munkki tarkasteli professoria ja sanoi:

"Näytätte väsyneeltä matkustettuanne tänne. Levätkää hetkinen, niin voimme juoda teetä."

Munkki meni valmistamaan teetä ja toi sitä sitten. Hän asetti kupin professorin käteen ja alkoi kaataa teetä pannusta. Vaikka kuppi oli jo täynnä, munkki jatkoi kaatamista ja tee valui miehen kädelle ja lattialle.

"Lopettakaa! Lopettakaa! Oletteko hullu? Kuppiini ei mahdu enää tippaakaan, se on jo niin täynnä, että vesi valuu ylitse!" professori huusi.

Munkki nauroi ja sanoi:

"Tiedätte hyvin, että kun kuppi on täynnä, siihen ei mahdu mitään vaikka kuinka yrittäisitte kaataa siihen. Silti pyydätte minua opettamaan teille henkisyyttä, vaikka olette jo täynnä ennakkokäsityksiä. Tulkaa takaisin sitten, kun olette tyhjentänyt 'kuppinne', sillä nyt siihen ei mahdu tippaakaan ja olisi voimien tuhlausta yrittää kaataa siihen yhtään mitään."

Mitä oikein tarkoitetaan tässä kupin tyhjentämisellä? Ilmiselvästi kuppi tarkoittaa mieltä. Valitettavasti mielen kupin tyhjentäminen ei ole yhtä yksinkertaista kuin teekupin tyhjentäminen. Mieli kun on äärimmäisen monimutkainen. Miten voimme tyhjentää mielen? Toivottavasti tarinan professori kysyi tätä munkilta ja jäi kuuntelemaan vastausta.

Henkinen elämä ei ole helppoa. Se ei ole kuin vuorelle kiipeämistä vaan pikemminkin kuin sen tasoittamista. Vuori on egomme, persoonamme, joka erehtyy pitämään ruumista Itsenämme. Tässä piilee kaikkien ongelmiemme lähde. Amma sanoo:

"Kun ajattelemme olevamme tämä ruumis, siitä seuraa kärsimystä. Tämä on vain vuokralle annettu keho. Jossain vaiheessa meitä pyydetään jättämään se. Silloin meidän täytyy poistua siitä. Ollessamme vielä tässä ruumiissa meidän tulisi saavuttaa se, mikä on ikuista. Jos omistamme talon, voimme riemumielin muuttaa vuokra-asunnosta pois, kun meitä pyydetään lähtemään. Sitten voimme asua ikuisesti Jumalan talossa."

Ego ei ole kiveen valettu. Se kasvaa ja pienenee tekojemme ja ajatustemme seurauksena. Voimme näännyttää sen nälkään omien ponnistelujemme ja Gurun armon avulla.

Intiaanimies lähti kävelylle poikansa kanssa, hän sanoi pojalleen:

"Sisällämme taistelee kaksi sutta. Toinen on lempeä, ystävällinen ja kärsivällinen ja toinen on ilkeä, itsekäs ja julma."

"Isä, kumpi niistä voittaa?" poika kysyi.

"Se kumpaa ruokit," isä vastasi.

Ego kasvaa intohimojemme myötä, takertumisen, vastenmielisyyden tunteiden, halun ja vihan myötä. Miten voimme pysäyttää niiden kasvun? Amma vastaa tähän sanoen:

"Meidän tulee päästä eroon kaikista *vasanoista* (kieltei-
sistä taipumuksista), joita olemme keränneet itsellemme,
mutta tätä on vaikeata tehdä kerralla. Tarvitsemme
jatkuvaa harjoitusta. Meidän tulisi toistaa *mantraamme*
jatkuvasti, istuessamme, kävellessämme ja maatessam-
me. Kun toistamme *mantraa* ja ajattelemme Jumalan
hahmoa, muut ajatukset heikkenevät ja mielemme
puhdistuu. Jotta voisimme pestä itsestämme 'minä'
-tunteen, tarvitsemme 'Sinä' saippuaa. Kun näemme
kaiken Jumalana, 'minä', ego, haihtuu pois ja Korkein
Minä loistaa sisällämme."

Kun Amma sanoo, että meidän tulee kuvitella mielessämme
Jumalan hahmo, voimme tulkita sen tarkoittavan mitä hyvänsä
Jumalan hahmoa, joka miellyttää meitä ja sopii meille. Myös
sellaiset muotoa vailla asiat kuten valo, rauha, laaja-alaisuus ja
vastaavat sopivat tähän tarkoitukseen.

Amma sanoo, että Gurun on alati pidettävä oppilasta silmäl-
lä, muuten hän saattaa "pudota lampeen ja hukkua". Tämä sana
'jatkuvasti' on merkityksellinen. Meidän tulee jatkuvasti harjoit-
taa *sadhanaa* ja Amman tulee aina pitää meitä silmällä. Ero on
siinä, että meidän tulee jatkuvasti ponnistella harjoittaaksemme
sadhanaa. Ammalle, joka on jokaisen sydämessä asustava Itse,
meidän kaikkien silmällä pitäminen on ikuisesti vaivatonta. On
tärkeää, että meissä viriää ymmärrys sen suhteen, että olemme
alati hänen näkökentässään.

Kaksi poikaa halusi ryhtyä opetuslapsiksi, he tulivat Gurun
luokse. Guru päätti koetella heitä. Hän antoi kummallekin
kyyhkysen ja sanoi:

"Ota kyyhkynen ja tapa se niin, ettei kukaan näe sinua, ja
tuo sitten kyyhkynen minulle takaisin. Sen jälkeen annan sinulle
ohjeita henkisessä tiedossa."

Ensimmäinen poika vei linnun takapihalle, katsoi ympärilleen ja kun ei nähnyt ketään, väänsi kyyhkyseltä niskat nurin. Sitten hän toi kyyhkysen takaisin ja laski sen Gurun jalkojen juureen.

"Katsokaamme mitä toinen poika tekee," Guru sanoi.

Toinen poika meni metsään, missä hän oli aikeissa tappaa linnun, mutta kun hän näki linnun katsovan itseään, hän ei voinut täyttää Gurun toivetta. Hän meni useaan yksinäiseen paikkaan, mutta aina kun hän yritti tappaa linnun, hän huomasi sen katsovan häntä. Lopulta hän vei linnun takaisin elävänä ja laski sen Gurun eteen.

"Swami, vaikka janoan sinulta tietoa, en voi täyttää antamaasi ehtoa. Minne tahansa menenkin, huomaan aina jonkun katsovan minua enkä voi tappaa lintua. Oi mestari, siunaa minua todellisella tiedolla!" toinen poika sanoi.

"Poikani," Guru vastasi, "sinä olet kypsä vastaanottamaan henkistä tietoa. Meidän tulisi aina tuntea, että suuri mestari, Jumala, katselee meitä. Silloin emme voi koskaan tehdä mitään mikä on vahingollista henkiselle kehityksellemme."

Sisäisen Gurun herääminen

Monet meistä oppilaista, jotka olemme olleet Amman läheisyydessä, huomaamme että Amma tuntuu olevan aina tietoinen meidän ajatuksistamme ja teoistamme. Hän saattaa ilmaista sen katsomalla meitä tietävästi, hymyilemällä, kohottamalla kulmiaan tai sanomalla jotakin saadakseen meidät ymmärtämään, että hän tarkkailee meidän kaikkien mieltä. Amma on usein ennakoiva opastaessaan oppilaitaan. Hän on esimerkki meille lähes kaikilla tavoin. Sanon 'lähes', sillä emme mitenkään voi tehdä kaikkea sitä mitä hän tekee. Emme kykene istumaan yhdessä paikassa kuuntelemassa ihmisten ongelmia ja toiveita kaksikymmentäneljä tuntia yhteen menoon. Emme kykene valvomaan lähes joka yö aamuun asti. Emme kykene hymyilemään kaikille, jotka tapaamme emmekä kykene lohduttamaan syvästi edes yhtä ainoaa ihmistä, joka tulee luoksemme syvän surun vallassa. Mutta voimme tulla hetki hetkeltä kärsivällisemmiksi, rakastavammiksi toisia kohtaan, voimme luopua itsekkyydestämme toisten hyvinvoinnin ja onnellisuuden tähden, voimme tulla nöyremmiksi ja avuliaammiksi ja voimme välttää ilkeitten ja satuttavien sanojen lausumista keskustellessamme toisten kanssa. Kun vertaamme itseämme Ammaan, voimme asteittain puhdistaa mieltämme ja tekojamme ja herättää loputa 'sisäisen Gurumme', joka uinuu sisällämme.

Jotkut sanovat, että riittää, kun me kuuntelemme sisällämme olevaa Jumalan hentoa ääntä ja seuraamme sen antamia ohjeita. Mutta meissä on kovin monenlaisia ääniä ja useimmat niistä, jolleivat sitten kaikki, ovat paljon kovaäänisempiä kuin Jumalan ääni. Useimpien meistä mieli on täynnä halua, pelkoa, mieltymystä ja vastenmielisyyttä, houkutuksia ja inhoa. Yritys kuunnella tuota 'hentoa sisäistä ääntä' on kuin yrittäisi erottaa kuiskauksen ihmisjoukon äänekkään kakofonian keskeltä. Mutta kun kuuntelemme opettajaamme, luotamme siihen mitä hän sanoo ja kun vertaamme hänen sanojaan ja tekojaan oman mielemme sisäisiin ääniin ja mielijohteisiin, meissä kehittyy asteittain taito ymmärtää mikä on Jumalan ääni ja mikä on oman mielemme ääni. Amma tietää milloin kykenemme tähän ja hän rohkaisee meitä vähitellen toimimaan tällä tavoin. Mutta aina vapautukseen saakka meidän tulee aina kuunnella enemmän ulkopuoleltamme tulevaa Gurun puhetta kuin sisäistä ääntämme.

6. LUKU

Guru on Jumala

Gurur Brahma Gurur Vishnu
Gurur Devo Maheshwara
Gurur Sakshat Parabrahma
Tasmai Shree Guruve Namaha

Guru on Luojajumala
Guru on maailmankaikkeutta ylläpitävä Jumala
Guru on maailmankaikkeuden itseensä sulauttava
Jumala
Guru on Itse Korkein Jumala
Kumarran Gurua

Sanotaan, että yli 80 prosenttia ihmiskunnasta uskoo itseään Korkeampaan Voimaan. Intian muinaiset tietäjät, *rishit*,[3] pystyivät äärimmäisen puhtaan mielensä avulla virittäytymään tuohon Voimaan ja heistä tuli Sen kanavia. He kokivat Jumaluuden *trimurtina* – Brahmana, Luojana, Vishnuna, maailmankaikkeutta ylläpitävänä Jumalana ja Maheshwarana, tuhon Jumalana – jotka olivat ilmestyneet muotoa vailla olevasta Absoluuttisesta Olemassaolosta ja Älystä, Brahmanista. Vaikka tietäjät kykenivätkin kokemaan tuonpuoleisen, Absoluutin, he kertoivat

---

[3] *Rishi* tarkoittaa tietäjää ja näkijää, kirjaimellisesti häntä joka kuulee maailmankaikkeuden pohjalla olevat mantrat. Veda-kirjallisuus, johon hindulaisuus perustuu, on menneisyyden *rishien* luomaa.

trimurtin, kolmen jumalan, olemassaolosta, koska tunsivat myötä-
tuntoa ihmiskuntaa kohtaan, joka ei kykene ymmärtämään tuota
valtaisaa muotojen maailman tuolla puolen olevaa Todellisuutta.
He tiesivät, että ihmiskunta tarvitsee helposti käsitettävän tavan,
jonka avulla he voivat olla yhteydessä Korkeimman Tietoisuuden
kanssa, jotta he voivat palvoa ja rukoilla Sitä ja saavuttaa näin
onnellisuutta ja mielenrauhaa. Tämän takia he näyttivät toisille
esimerkkiä palvomalla *trimurtia*, Jumalan kolmea olemuspuolta.
Bhagavad-Gitassa sanotaan:

> "Mitä hyvänsä suuri ihminen tekee, sitä tekevät toi-
> setkin. Hänen asettamaansa esimerkkiä seuraa koko
> maailma."
>
> – *Bhagavad-Gita III:21*

Meidät ihmiset on varustettu hyvin rajoittuneella mielellä. Jopa
he meistä, jotka uskovat Luojan olemassaoloon, omaavat hyvin
epämääräisen kuvan siitä, mitä tuo Olento tai Voima saattaisi
olla. Voimme kuvailla Sitä sanoin 'kaikkitietävä, kaikkivoi-
pa ja kaikkialla läsnäoleva', mutta todellisuudessa Jumala on
useimmille meistä vain epämääräinen ajatus. Kuvittelemme
tiedostamattamme tuon Periaatteen jonkinlaiseksi parannetuksi
mukaelmaksi itsestämme. Jos hyttynen kykenisi ajattelemaan
Jumalaa, se ajattelisi luultavasti jättimäistä, kaikkivoipaista ja
kaikkitietävää Hyttystä!

Vedoissa, muinaisen Intian henkisen tiedon arvovaltaisessa
kirjallisessa lähteessä on tunnettu säkeistö, joka sanotaan:

> "Jumalan tuntijasta tulee Jumala."
>
> – *Mundaka Upansihadit 3.2.9*

Toisin sanoen ken on saanut välittömän kokemuksensa kautta
tuntea absoluuttisen Brahmanin, kaiken tuolla puolen olevan

alkulähteen, hän tulee tuoksi äärettömäksi todellisuudeksi. Jotkut voivat kokea tuon suuren totuuden *samadhissa,* mutta ainoastaan oivalluksen saavuttanut sielu on tullut sataprosenttisesti Siksi. Hänen yksilöllinen tietoisuutensa on laajentunut ja tullut Äärettömäksi Tietoisuudeksi. Vanhassa testamentissa Jumala sanoo Moosekselle:

> "Et voi nähdä Minun kasvojani, sillä ei kukaan, joka näkee Minut, jää eloon"
>
> – *Exodus 33:20*

Kenties tällä tahdotaan sanoa, että kun oivallamme täydellisesti Jumalan, yksilöllisyytemme kuolee ja yksin Jumala jää jäljelle. Pisara sulautuu säteilevään valtamereen.

Guru-mantran lausuminen muistuttaa meitä erittäin tärkeästä asiasta, siitä että Guru on yhtä Jumalan kanssa. *Mayan* vaikutuksen takia emme kykene yleensä havaitsemaan tätä totuutta. Saatamme omata erinäisiä kokemuksia, joiden takia uskomme että tämä on totta, mutta siitä huolimatta joudumme yhä uudelleen epäilysten valtaan. Ehkäpä juuri tämän takia muutamien *Upanishadien* alussa on rukous, jossa sanotaan:

> Om, suojelkoon Jumala meitä,
> sekä opettajaa että oppilasta,
> ravitkoon Hän meitä,
> sallien meidän työskennellä innolla,
> antaen opiskelumme olla valaisevaa,
> niin ettei se synnytä meissä vihamielisyyttä,
> Om rauhaa rauhaa rauhaa.

Gurun todellisuus

Suurin osa meistä on uppoutunut jatkuvasti henkiseen ja ruumiilliseen toimeliaisuuteen, joka syntyy yleensä itsekkäistä peloista

79

ja haluista. Usein lähestymme *mahatmaakin* saadaksemme toiveemme täytettyä ja pelkomme poistetuiksi heidän siunauksensa avulla. Mutta todellinen Guru tietää, että loppujen lopuksi meidän kaikkien, jotka etsimme turvapaikkaa hänen luotaan, tulee lopulta kääntyä sisäänpäin ja puhdistaa oma mielemme, jotta halut ja pelot eivät enää tärvelisi meidän mielenrauhaamme. Gurun ja oppilaan välisessä suhteessa meidän oppilaitten tulee ponnistella puhdistaaksemme mielemme, jotta voisimme kokea olevamme yhtä Gurun kanssa, hänen kanssaan, joka on Brahmanin, Jumalan, ruumiillistuma. Guru osoittaa jatkuvasti meille oppilaille sen tien, tämän hän tekee sekä ulkoisesti että sisäisesti meidän oppilaitten mielen kautta. Suuri osa tästä vuorovaikutuksesta hankaa oppilaan egoa väärällä tavalla. Guru tuntee ja näkee oppilaan Brahmanina, mutta oppilas on samastunut egoonsa tai persoonallisuuteensa. Me oppilaat saatamme toisinaan jo suuttua Gurulle tai alkaa jopa vihata häntä. Tämä voi viivästyttää meidän kasvuamme. Tästä takia yllä mainittu rukous sisältää toivomuksen, että meidän välillemme ei syntyisi vihamielisyyttä.

"Tuttavallisuus synnyttää halveksuntaa," sanotaan. Huolimatta uskostamme, että Guru on yhtä Brahmanin, Jumalan, kanssa, me lankeamme jatkuvasti unohduksen ansaan, sen tähden että olemme niin tottuneet Gurun seuraan. Jopa *Bhagavad-Gitan* kuuluisasta opetuslapsesta, Arjunasta tuli liian tuttavallinen serkkunsa ja ohjastajansa Krishnan kanssa. Herra sanoi hänelle:

"Koska Minä olen jumalallisen harhavoimani peittoama, kaikki eivät kykene näkemään Minua.
Tietämättömät ihmiset eivät kykene havaitsemaan Minua, syntymätöntä ja muuttumatonta. Oi Arjuna,

Minä tunnen sekä menneet, nykyiset että tulevat olen-
not, mutta Minua ei kukaan tunne."

– Bhagavad-Gita VII:25-26

Kun Arjuna kuuli tämän, hänen mielessään nousi voimakas halu
kokea Krishnan olemuksen taustalla oleva todellisuus. Vaikka
monet Krishnan sukulaisista ja tutuista uskoivatkin Hänen olevan
Vishnun inkarnaatio, heidän ymmärryksensä, sanansa ja tekonsa
eivät heijastaneet heidän uskoaan.

"Arjuna sanoi:
Oi Korkein Herra, Sinä olet kertonut minulle tarkoin
sen, mitä Sinä olet. Nyt minä haluaisin nähdä Sinun
jumalallisen muotosi, oi Korkein Herra.
Oi Mestari, oi Joogan Herra, jos pidät minua kypsänä
näkemään Sen, niin näytä minulle ikuinen olemuksesi."

– Bhagavad-Gita XI:3-4

"Siunattu Herra sanoi:
Omin silmin sinä et voi Minua nähdä, siksi Minä annan
sinulle jumalallisen näkökyvyn. Katso nyt Minun kor-
keinta joogavoimaani!"

– Bhagavad-Gita XI:8

"Pandun poika näki nyt tuossa jumalien äärettömässä
muodossa koko maailmankaikkeuden kaikkine eri-
laisine ilmentymineen. Täynnä ihmetystä, ihokarvat
pystyssä, kädet yhteenliitettyinä, omaisuuden voittaja
kumarsi päänsä Herralle ja puhutteli Häntä:"

– Bhagavad-Gita XI:13-14

"Sinä olet katoamaton, Korkein Olento, joka tulee oival-
taa. Sinä olet tämän kosmoksen lopullinen varastoaitta.

"Sinä olet ikuisesti oikean elämäntavan suojelija. Sinä olet ikuinen Henki, niin uskon. Minä näen Sinut vailla alkua, keskikohtaa ja loppua, täynnä ääretöntä voimaa, minä näen lukemattomat kätesi, auringon ja kuun silminäsi, polttavan tulen suussasi ja sen loiston, millä Sinä lämmität koko maailmankaikkeuden."

– Bhagavad-Gita XI:18-19

"Kerro minulle, kuka Sinä oikein olet, kun Sinun muotosi on niin kauhistuttava. Tervehdys Sinulle, oi Suuri Herra! Anna armoa! Tahdon tuntea Sinut, sinä Perimmäinen Olento."

– Bhagavad-Gita XI:31

"Siunattu Herra sanoi:
Minä olen maailmat tuhoava aika, joka tuhoaa kaikki ihmiset. Teitä lukuunottamatta kaikki sotilaat kummallakin puolella tulevat kaatumaan."

– Bhagavad-Gita XI:32

"Kuultuaan Keshavan sanat vapiseva Arjuna kumarsi yhä uudelleen Krishnalle, ja puhutteli Häntä pelokkaana:"

– Bhagavad-Gita XI:35

"Tuntematta Sinun kosmista loistokkuuttasi minä olen usein ajattelemattomasti puhutellut Sinua ystäväksi ja Krishnaksi ja Yadavaksi, tällaisia sanoja minä olen käyttänyt joko huolimattomasti tai rakkaudella.
Ja sitä kunnioituksen puutetta, mitä minä olen osoittanut Sinua kohtaan syödessämme tai kävellessämme, istuessamme tai levätessämme joko kaksin tai toisten

seurassa, oi Rajoittamaton, minä pyydän Sinua antamaan tämän kaiken anteeksi.

Sinä olet sekä elollisten että elottomien Isä. Yksin Sinä olet palvonnan arvoinen, oi Korkein Opettaja! Ketään kolmessa maailmassa ei voi verrata Sinuun, eikä yksikään ylitä Sinua, oi mittaamattomien voimien Herra.

Sen tähden minä heittäydyn Sinun jalkojesi juureen ja pyydän, että Sinä antaisit minulle anteeksi niin kuin isä pojalleen, ystävä ystävälleen ja rakastettu rakastetulleen."

– Bhagavad-Gita XI:41-44

"Siunattu Herra sanoi:
Tätä Minun olemustani, jonka Sinä olet saanut nähdä, on vaikea nähdä. Jopa jumalat etsivät kaiken aikaa tilaisuutta saadakseen nähdä Minun kosmisen muotoni. Se ei paljastu yksin pyhien kirjojen opiskelun, muodollisen jumalanpalveluksen, itsekuriharjoitusten tai hyväntekeväisyyden avulla.

Vain antaumuksellisen rakkauden avulla Minut voi tulla tuntemaan sellaisena kuin Minä olen, oi vihollisen korventaja.

Ken omistaa toimensa ja työnsä Minulle, ken tekee Minusta elämänsä päämäärän, ken antautuu rakkaudellisesti Minulle, ken on takertumaton ja ken ei pidä yllä pahaa tahtoa ketään kohtaan – hän tulee Minun luokseni, oi Pandun poika."

– Bhagavad-Gita XI:52-55

Emmekö me Amman oppilaat ole samanlaisessa tilanteessa kuin Arjuna aikoinaan oli? Olemme sisäisesti ja ulkoisesti elämäksi kutsutulla sotatantereella. Jonkin selittämättömän onnen, *karman* tai armon ansiosta olemme saaneet tulla Amman pyhien jalkojen juurelle. Uskomme Amman syntyneen tähän maailmaan, jotta hän kääntäisi ihmiset Jumalaa kohti, kohti omaa todellista olemustaan. Kaiken mitä hän tekee – jokaisen katseen, sanan ja kosketuksen – tarkoituksena on herättää ne sielut, joilla on ollut suuri onni tulla hänen luokseen, mistä syystä se sitten on tapahtunutkin. Hän on todellakin verhonnut itsensä joogavoimaansa voidakseen kulkea keskuudessamme, lähes kuin yhtenä meistä. Mutta meidän tulee muistuttaa itseämme yhä uudelleen ja uudelleen siitä, että hän ei ole meidän kaltaisemme. Hänen sisäinen kokemusmaailmansa on käsittämättömän kaukana siitä, mitä me kykynemme koskaan kuvittelemaan. Hän on Brahman, Jumalan ruumiillistuma, joka esiintyy poikkeuksellisen ihmisen hahmossa. Hän todella on käsittämätön meille, jotka samastumme ruumiiseemme. Näemme ainoastaan jäävuoren huipun.

Muistakaamme aina Herran sanat:

"Ken omistaa toimensa ja työnsä Minulle, ken tekee Minusta elämänsä päämäärän, ken antautuu rakkaudellisesti Minulle, ken on takertumaton ja ken ei pidä yllä pahaa tahtoa ketään kohtaan – hän tulee Minun luokseni, oi Pandun poika."

Meillä on kultaakin arvokkaampi tilaisuus kehittyä kohti korkeampia henkisiä tiloja, mikä huipentuu lopulta Itseoivallukseen ja vapautukseen syntymän ja kuoleman lakkaamattomasta kiertokulusta. Käyttäkäämme tämä useiden elämien luoma tilaisuus hyväksemme muistuttamalla itseämme jatkuvasti siitä kuka Amma on ja pyrkimällä saamaan osaksemme hänen kaikkivoivan siunauksensa.

7. LUKU

Gurun seura on ainutlaatuista

Amma sanoo:
"Vaikka Jumala on kaikkialla, Gurun seura on ainutlaatuista. Vaikka tuuli puhaltaa kaikkialla, saamme nauttia sen viileydestä ainoastaan puun varjossa. Eikö puun lehtien läpi puhaltavalla tuulella olekin viilentävä vaikutus heihin, jotka ovat matkanneet kuuman auringon alla? Samalla tavoin Guru on tarpeellinen meille, jotka elämme maallisen elämän paahtavassa kuumuudessa. Gurun läsnäolo lahjoittaa meille rauhaa ja tyyneyttä."

On olemassa monia *sadhakoita*, henkisiä oppilaita, jotka jonkinasteisen kouluttautumisen ja *sadhanan*, henkisten harjoitusten jälkeen ryhtyvät keräämään oppilaita ympärilleen ja pitävät sitten henkisiä puheita, opettavat pyhiä kirjoituksia ja neuvovat kuinka meditoida ja harjoittaa muita henkisiä harjoituksia. Tällaiset gurut täyttävät epäilemättä olemassa olevaa tarvetta. Mutta kun Amma käyttää sanaa 'Guru', hän ei tarkoita vain opettajaa. Hän tarkoittaa henkilöä, joka elää pysyvässä ykseyden tilassa Jumalan kanssa. Ketään toista ei voi kutsua Guruksi isolla G-kirjaimella.

Guru on hän, joka elää jatkuvassa tietoisuudessa ja kokemuksessa siitä, että hän on jokaisen ja kaiken sisäinen Itse. Luomakunta on hänelle avoin kirja. Hän omaa armoksi kutsutun henkisen voiman, jonka avulla hän voi ylevöittää ihmisen pelkällä ajatuksella ja katseella. Toisaalta sanotaan, että armo loistaa niin kuin aurinko kaikille, mutta armo on myös valaistuneen pyhimyksen hallussa oleva voima, jonka hän voi suunnata ja suuntaakin siunauksena toisille. Amma sanoo, että voidaksemme saavuttaa Itseoivalluksen meidän tulee ponnistella, mutta jopa tuo ponnistelu johtuu Gurun siunauksesta ja kun olemme edenneet niin pitkälle kuin ponnistelun avulla on mahdollista, lopullinen oivallus tapahtuu yksin Gurun armosta. Tätä Amma tarkoittaa puhuessaan Gurusta, *mahatmasta*, joka on yhtä Absoluutin kanssa, ja se jos joku on äärimmäisen harvinaista. Niin kuin Krishna sanoo *Bhagavad-Gitassa*:

> "Harjoittelemalla ja ponnistelemalla monen elämän aikana joogi saavuttaa lopulta korkeimman päämäärän."
>
> *– Bhagavad-Gita VI:45*

> "Monen elämän jälkeen viisautta omaava saavuttaa lopulta Minut, oivaltaen, että kaikki on Jumalaa. Tällaista suurta sielua (*mahatmaa*) on vaikea löytää."
>
> *– Bhagavad-Gita VII:19*

Maito on lehmän sisällä, mutta ellemme purista sitä utareista, emme saa sitä itsellemme. Samaan tapaan, Jumala läpäisee atomit ja kaiken muunkin luomakunnassa, silti on olemassa paikkoja, joissa voimme tuntea tuon läsnäolon helpommin ja saada siitä koituvan hyödyn osaksemme. Jumalallinen läsnäolo on tunnettavissa paikoissa, joihin ihmiset kerääntyvät laulamaan *bhajaneita*, rukoilemaan ja meditoimaan. Heidän keskittymisensä jumalalliseen puhdistaa ilmapiirin maallisista värähtelyistä. Palvontapaikat, *ashramit*, luostarit ja paikat, joissa pyhimykset ja *sadhakat* asuvat tai ovat asuneet, ilmentävät eriasteisesti jumalallisuutta.

Tämä jumalallisuus ilmenee rauhantunteena, se auttaa meitä keskittämään mielemme saapuessamme tuohon paikkaan.

Moni meistä on vieraillut Intian ikivanhoissa temppeleissä, kuten Kanchipuramissa, Tiruvannamalaissa, Rameshwaramissa, Tirupatissa ja Kashissa. Amma sanoo, että *mahatmat*, valaistuneet sielut ovat perustaneet Intian voimallisimmat temppelit, jotka ovat vetäneet puoleensa miljoonia palvojia ammoisista ajoista lähtien. Voimme tuntea käsin kosketeltavan rauhan ja tyyneyden tunteen, jota ne säteilevät. Kyseessä ei ole samanlainen rauha, jonka koemme mennessämme metsään tai luontoon kävelylle, myös tuo rauha on puhdasta, mutta vain aavistus pyhän paikan lahjoittamasta henkisestä kokemuksesta. Pyhistä paikoista tulee pyhiä, koska siellä on asunut ja vieraillut pyhiä ihmiset, joiden mieli on ollut keskittynyt ja puhdistunut ja koska he ovat olleet täynnä Jumalan läsnäoloa. Senkin jälkeen, kun tällaiset *mahatmat* ovat jättäneet ruumiinsa, jos palvojat ovat jatkaneet antaumuksellista ja henkistä toimintaa näissä paikoissa, niiden pyhä ilmapiiri on päässyt kasvamaan ja voimistumaan.

Aura

'Auran' käsitteestä on tullut suosittu länsimaisessa kulttuurissa, monet hyväksyvät sen tosiasian, että kaikilla kohteilla on aura, toisin sanoen ne säteilevät hienosyistä energiaa. Amma sanoo, että ken ajattelee myönteisesti, laaja-alaisesti ja yleismaailmallisesti hyödyllisiä ajatuksia, hän säteilee hienovaraista, kultaista väriä, jonka näkevät he, jotka omaavat henkisen näkökyvyn. Hän sanoo:

"Jokaisen ruumiin ympärillä on hiuksenhieno aura. Siinä missä meidän sanamme voidaan äänittää nauhalle, tekomme jättävät jäljen tähän auraan. Tämä näkyy selkeästi ihmisistä, jotka harjoittavat *sadhanaa*, henkisiä harjoituksia. Henkisten oppilaitten aurat ovat voimakkaita. Muiden ihmisten auroissa ei ole tällaista ominaislaatua. Tavallisten ihmisten aurat ovat tummia ja synkkiä. Kun heistä tulee itsekkäämpiä, ilkeämpiä ja itsekeskeisempiä, heidän auransa tulee entistä tummemmaksi ja tummemmaksi. Tällaiset ihmiset eivät ole koskaan vapaita esteistä ja vaikeuksista. Tämä vetää heitä takaisin maapallolle ja saa heidät kärsimään yhä uudestaan ja uudestaan. Jos sen sijaan teemme hyviä tekoja ja ajattelemme hyviä ajatuksia, aurastamme tulee kultaisen värinen, tämä auttaa meitä kehittymään yhä korkeammille tietoisuuden tasoille. Mitä hyvänsä tällaiset ihmiset päättävätkin tehdä, esteet katoavat ja kaikki päättyy hyvin. Jos *tapasvia* (itsekuriharjoituksia tekevää) vahingoitetaan, hänen auransa synnyttää tuhoavia värähtelyitä syyllistä kohtaan."

"Kuoleman hetkellä aura, jossa on sielun sisäsyntyiset taipumukset, jättää ruumiin ja ajelehtii ilmakehässä samaan tapaan kuin heliumilla täytetty ilmapallo. Se kun ei voi jäädä ruumiiseemme kuoleman jälkeen. Se valitsee uutta jälleensyntymää varten sellaiseen ruumiin, joka sopii niihin haluihin ja riippuvuuksiin, jotka sille ovat syntyneet edellisen elämän aikana."

Kun olemme puhtaitten sielujen seurassa, tunnemme olomme onnelliseksi, rauhalliseksi, miellyttäväksi ja kotoisaksi. Sellaisten ihmisten läheisyydessä, jotka ovat pääasiallisesti täynnä kielteisiä ajatuksia ja tunteita, tunnemme täysin päinvastaisia tunteita – epämukavuutta, pelokkuutta, rauhattomuutta tai ärtyneisyyttä. Ihmisten lisäksi myös paikoilla on oman auransa.

Mahatmat säteilevät voimallisesti jumalallista läsnäoloa. Heidän kehonsa ja Äärettömän Olemuksensa välillä vallitseva yhteys aiheuttaa sen, että heistä tulee Äärettömän Tietoisuuden kanavia.

Gitassa on säkeistö, joka kuvaa tätä:

"Vapaana aistimaailmasta joogi kokee alati uutta iloa itsessään. Jumalaa mietiskellen hän saavuttaa ikuisen autuuden."

– Bhagavad-Gita V:21

On ehkä tarpeen selittää, mitä Intiassa yleensä tarkoitetaan käsitteillä 'tietäjä' ja 'pyhimys'. Onko näillä käsitteillä eroa vai onko kyse vain semantiikasta? Perinteisesti pyhimyksellä tarkoitetaan häntä, joka pyrkii Jumaloivallukseen ja joka on kyennyt tietyssä määrin puhdistamaan mielensä. Tällaisen henkilön mieli heijastaa Jumalan läsnäoloa, mutta ei sen täyteydessä. Hänen tulee edelleen työskennellä täydellisyyden, täydellisen mielenpuhtauden eteen. Tietäjä taas on henkilö, joka on saavuttanut pysyvän ykseyden Korkeimman Olennon kanssa. Hänestä saattaa tulla ihmiskunnan merkittävä opettaja tai hän voi elää erakkona. Tietäjää voidaan kyllä toisinaan kutsua pyhimykseksi, mutta pyhimyksiä ei yleensä pidetä tietäjinä.

Tietäjiä ympäröivä rauha

Krishna sanoo, että "Kaikkialla askeettisten tietäjien ympärillä..." Mitä tässä tarkoitetaan sanalla 'askeettinen'? Askeesi kuvaa elämäntapaa, jolle on luonteenomaista monipuolisen itsekurin harjoittaminen ja pidättäytyminen ruumiin ja mielen nautinnoista. Kun *mahatma* on noudattanut tällaista elämäntapaa ja saavuttanut sen seurauksena Itseoivalluksen, hän saattaa jatkaa samaa elämäntapaa ponnistuksetta, osoituksena sisäisestä täyteydestään ja yksinkertaisuudestaan. Hän ei enää tavoittele mitään, sillä hän elää jo täydellisessä rauhassa. Hän on aina keskittynyt Jumalaan. Hän elää autuudessa ja vaikka hän vitsailisikin, sen taustalla on aina vakava tarkoitus – herättää ihmiset jumalallisen elämän tarpeeseen. Sana 'askeettinen' ei niinkään kuvaan hänen elämäntapaansa ulkoisessa mielessä kuin hänen kokemustaan todellisuudesta. Hän elää kehotietoisuuden tuolla puolen, käsittämättömässä ja sanoinkuvaamattomassa tietoisuudentilassa. Hän on Itse Tietoisuus.

Bhagavad-Gitassa sanotaan, että kolme porttia johtavat *jivan*, yksilösielun helvettiin – halu, viha ja ahneus. Tietäjät ovat heitä, joiden mieli on tullut puhtaaksi ja vapaaksi ajatuksista, muuta ei ole enää jäljellä kuin Itse tai Jumala. He ovat "...vapaita halusta ja vihasta."

Heidän mieltään voi verrata taivaaseen, jossa ei ole pilviä eikä pölyä. Heissä ei synny haluja, sillä he ovat alati täysinäisiä ja tyytyväisiä oivallukseensa kaiken Ykseydestä. He eivät tunne vihaa, sillä heillä ei ole haluja, ei edes hienosyisiä haluja. Viha johtuu toteutumattomista haluista, mutta heillä ei ole enää haluja. He saattavat kyllä ilmaista vihaa nuhdellakseen jotakuta tai korjatakseen jonkin tilanteen, mutta tällainen vihastuminen ilmenee vain heidän mielensä pintatasolla, toisten henkisen kasvun vauhdittamiseksi. Heidän vihansa on kuin veteen piirretty viiva ja häviää hetkessä.

Sokrateen kärsivällisyys

Sokrateella, suurella filosofilla, oli vaimo, joka oli kärsimätön ja helposti vihastuva. Vaimo oli kuitenkin siinä mielessä siunaus miehelleen, että näin hän saattoi kehittää itsessään kärsivällisyyttä. Eräänä päivänä Sokrates puntaroi syvää filosofista ongelmaa. Silloin vaimo lähestyi häntä ja alkoi huutaa tylyyn ja halveksivaan sävyyn niin kuin hänellä oli tapana. Vaimo herjasi ja loukkasi Sokratesta, ja vaati vastauksia. Mutta Sokrates ei edes huomannut häntä, sillä hän oli niin syvästi uppoutunut ajatuksiinsa. Hänen tapanaan oli seurata jotakin ajatuskulkua loppuun asti, ennen

90

kuin paneutui johonkin toiseen kysymykseen. Tänä päivänä tämä on kovin yleistä heidän parissaan, jotka eivät voi irrottaa silmiään tietokoneen tai älypuhelimen ruudulta keskustellakseen läheistensä kanssa.

Vaimo karjui ja raivosi Sokrateelle, mutta tämä ei kiinnittänyt häneen huomiota. Lopulta vaimo raivostui, otti ämpärin likavettä ja kaatoi sen Sokrateen päähän. Hermostuiko tai ärsyyntyikö Sokrates tästä? Ei suinkaan. Hän hymyili, nauroi ja sanoi:

"Se, että ukkosen jälkeen seuraa aina sade, tuli näin todistettua!"

Huomautuksensa jälkeen hän jatkoi ajatustyötään. Joku saattaisi sanoa, että Sokrates ei ollut lainkaan huomaavainen luonteeltaan, mutta tarinan ydin ei ole siinä. Vaan siinä, että meidän ei tulisi masentua, kun vaikeuksia ilmenee pyrkiessämme kesyttämään luonnettamme. Kuten sanonta kuuluu, 'Ei ole olemassa vaikeuksia, ainoastaan mahdollisuuksia'. Jos Sokrates kykeni tähän täydellisesti, miksi emme myös me muut? Vaikeat olosuhteet antavat meille mahdollisuuksia tähän. Tietäjät ovat heitä, jotka ovat saavuttaneet tilan, jossa heillä ei ole enää mitään haluja eikä näin ollen vihaakaan – melkoinen saavutus!

Krishna sanoo, että ehtona tälle on, että "...on kukistanut mielen ja oivaltanut Itsen." Me voimme vierailla temppeleissä, harjoittaa jumalanpalvelusta, laulaa *bhajaneita*, kuunnella *satsangia*, henkistä luentoa, harjoittaa sata miljoonaa kertaa *japaa*, *mantran* toistamista, meditoida, lukea pyhiä kirjoituksia, matkustaa Intiaan ja asua siellä viisikymmentä vuotta – tämän kaiken voimme tehdä, mutta jos emme osaa tehdä mielestämme rauhallista keskittymisen ja itsekuriharjoitusten avulla, emme saavuta henkisten harjoitusten perimmäistä hedelmää, sisäistä rauhaa. Mutta kun mieli lopulta asettuu, jäljelle jää todellinen Itse, todellinen olemuksemme tai Jumala. Ainoa asia, mikä estää meitä oivaltamasta Jumalaa tai saavuttamasta Itseoivallusta, on levoton mielemme. Kun mieli on kokonaan puhdas, eikä meillä ole enää kuin yksi ajatus, vain Jumalaa tai Itseä koskeva ajatus, silloin mielemme sulaa alkulähteeseensä, joka on tietoisuus tai Jumala.

Paistaessamme *vadaa*, donitsia, tiedämme että siitä on tullut kypsä, kun kuplia ei enää tule. *Tapasin,* henkisten harjoitusten synnyttämä kuumuus nostaa sisällämme piilossa olevat ajatukset pintaan, jotta voisimme tuhota ne. Kun ajatuksia ei enää ole, meidät on "keitetty valmiiksi".

Ketkä ovat toteuttaneet tämän, heidän ympärillään säteilee 'Brahmanin autuas rauha', niin kuin Krishna asian ilmaisee. Monet oppilaat ovat saaneet kokea tämän Amman läheisyydessä. Eräänä iltana *darshanin*[4] aikaan Amma kutsui minut luokseen Chicagossa ja pyysi minua toimimaan kääntäjänään, kun eräät oppilaat halusivat puhutella häntä. Kääntäjää, joka yleensä hoiti asian, ei näkynyt missään, joten tehtävä lankesi minulle. Istuuduin, samassa tunsin niin valtaisan rauhan säteilevän Ammasta, että mieleni ei kerta kaikkiaan enää toiminut. Istuin siinä typerä virne kasvoillani ja olin kuin mikäkin pölkkypää. Katsoin Ammaa ja sanoin:

"Tunnen itseni niin..." Mutta ennen kuin sain sanottua lauseeni loppuun, hän kysyi:

"Rauhalliseksi?"

Kun Ramana Maharshilta kysyttiin kuinka jonkun tunnistaa *mahatmaksi*, hän vastasi:

"Mielenrauhasta, jonka koet hänen läheisyydessään ja kunnioituksesta, jota tunnet häntä kohtaan."

---

[4] *Darshan* tarkoittaa pyhimyksen kohtaamista. Amma antaa *darshania* halaamalla luokseen tulevia ihmisiä.

Amman ensimmäisten Yhdysvaltain kiertueitten aikaan eräs nainen istui kolme neljä tuntia huoneen takaosassa Santa Fessa päivädarshanin aikaan. Tuohon aikaan paikalla ei ollut kovinkaan paljon ihmisiä. Tuo nainen ei ollut erityisen kiinnostunut henkisisyydestä, mutta hän tunsi rakkautta ja kunnioitusta Ammaa kohtaan. Kun Amma nousi ja lähti omaan huoneeseensa, nainen tuli luokseni ja sanoi:

"Tässä huoneessa on voimallinen rauhantunne. Jos ylipäätään kukaan voi tehdä tästä maailmasta paremman, niin varmastikin Amma."

Tämän sanoi nainen, joka ei ollut saavuttanut meditoinnin avulla herkkyyttä, mutta silti hän kykeni tuntemaan Ammasta säteilevän rauhan.

Valaistuneen energia

Jumalan rauha, jota *mahatma*, valaistunut säteilee ei vaikuta ainoastaan meidän mieleemme vaan myös kehoomme. Monet meistä, jotka jäävät koko yöksi *darshaniin*, huomaavat olevansa raikkaita ja energisiä, vaikka he menisivätkin yleensä paljon aikaisemmin nukkumaan. Intiassa vietetään vuosittaista Mahashivaratri-juhlaa, joka alkaa kuudelta aamulla ja jatkuu kello kuuteen seuraavana aamuna. Tarkoitus on, että tuolloin ei nukuta lainkaan, vaan osallistutaan jumalanpalvelukseen, meditaatioon ja muhin antaumuksellisiin harjoituksiin. Monien on vaikeata pysytellä hereillä ja jotkut saattavat jopa mennä katsomaan hengellistä elokuvaa pysyäkseen hereillä. Toisin on Amman läheisyydessä. Hänen läsnäolonsa täyttää meidät voimalla, vaikka emme itse sitä tiedostaisikaan.

Vuosia sitten yksi Amman veljistä oli rauhaton, sillä hän oli korkeassa kuumeessa. Satuin istumaan tuolloin toisten oppilaitten kanssa Amma seurassa, hän puhui meille parhaillaan. Silloin hänen veljensä saapui paikalle ja istuutui surkean näköisenä hänen viereensä. Muutaman minuutin kuluttua veli nousi ja lähti. Parin minuutin kuluttua hän palasi, näin hän teki muutamia kertoja. Lopulta kysyin veljeltä, mistä oli kysymys. Hän sanoi, että kun hän istui Amman vierellä, hän tunsi ettei kuumetta ollut, mutta kun hän lähti, kuume palasi heti. Hän ihmetteli tätä ja pohti, olisiko tällä jotakin tekemistä hänen sisarensa kanssa. Lopulta hän käsitti, että hänen kokemansa helpotus johtui Amman läheisyydestä. Tämän kokemuksen jälkeen hänen uskonsa Ammaan kasvoi syväksi ja pysyväksi.

Ne harvat meistä, jotka saavat asua Amman *ashramissa* Intiassa, saavat oleskelustaan hänen läheisyydessään merkittävää apua henkiselle elämälleen. Meidän muiden on hyvä viettää Amman kanssa niin paljon aikaa kuin mahdollista. Lopulta kehitys johtaa siihen, että alamme tuntea hänen autuaan rauhansa mielessämme, olimmepa sitten missä hyvänsä. Mutta siihen asti meidän ei tulisi ajatella itsetyytyväisesti, että ei hänen ruumiillinen läsnäolonsa ole niin tärkeää henkiselle kehityksellemme. Mikään ei voisi olla kauempana totuudesta. Ei voi olla mitään mistä voisi olla suurempaa apua meille kuin Amman läheisyydestä.

8. LUKU

Sisäinen pimeytemme

N iillä meistä, jotka ovat pidempään olleet kiinnostuneita henkisestä elämästä, ei varmastikaan ole ollut alussa aavistustakaan siitä, että polkuumme liittyisi niin paljon vaikeuksia. Olimme lukeneet Buddhan ja muiden pyhimysten elämäntarinat ja ajatelleet, että toisin kuin he, meidän kohdallamme pieni ponnistelu riittäisi varmasti ja pian saisimme kokea *samadhin*, valaistumisen autuuden. Egostamme ja tietämättömyydestämme johtuen saatoimme ajatella, ettei Itseoivallukseen menisi kovinkaan pitkää aikaa, aivan niin kuin viisivuotias lapsi saattaa ajatella, että lastentarhan jälkeen tarvitaan vain pieni määrä lisäopintoja ja tohtorin väitöskirja olisi hänen. Aivan kuten elämän muidenkin päämäärien kanssa, tarvittaisiin vain hieman onnea ja vähän työtä ja niin saavuttaisimme sen mitä etsimme. Näin ei tietenkään ole asian laita. Henkinen oivallus ei ole mukavuudenhaluisia varten. Ei ole olemassa oikoteitä. Mitä arvokkaampi jokin asia on, sitä enemmän siitä joutuu maksamaan. Ja mikä on kaikille olennoille halutuin asia? Rauha. Ja kuka saavuttaa rauhan? Krishna sanoo *Bhagavad-Gitassa*:

"Hän, joka luopuu kaikista haluista, liikkuen kaipuuta vailla, vapaana 'minä'- ja 'minun'- tunteista, saavuttaa rauhan.

Oi Prithan poika, tämä on Jumalaan vakiintumisen tila. Ken saavuttaa tämän, ei joudu enää koskaan harhan valtaan. Vaikka hän saavuttaakin tämän tilan vasta elämänsä viimeisellä hetkellä, hän saavuttaa silti lopullisen ykseyden Jumalan kanssa.

– Bhagavad-Gita II:71-72

Kun alamme ottaa vakavasti henkisyyden korkeampien tilojen saavuttamisen, jotkut meistä etsivät henkilön, joka on saavuttanut tämän tietoisuudentilan ja joka voi osoittaa meille tien. Kirjat voivat kertoa meille vain tietyn määrän asioita. Kuinka pitkälle lapsi voi päästä kouluttautumisessaan ilman opettajan ohjausta? Vaikka löytäisimme kokeneen opettajan, joka on valmis auttamaan meitä ja antamaan meille hieman ohjausta, mitä tapahtuu? Kaikenlaista tapahtuu, paitsi ei se mitä odotimme. Kyse on samanlaisesta tapahtumasta kuin jos menisimme lääkärille yskän takia ja päätyisimme leikkaussaliin. Sairautemme on paljon monimutkaisempi kuin olemme ymmärtäneet.

Muutamia kuukausia sen jälkeen, kun olin tullut Amman luokse, istuin hänen edessään *kalarissa*, pienessä temppelissä, joka oli sen aikaisen elämämme keskus. Eräs länsimaalainen vierailija ilmestyi myös sinne ja istuutui alas. Hän oli kiinnostunut henkisestä heräämisestä, mutta ei ollut oikeastaan ponnistellut asian eteen ennen Amman luokse tuloaan. Amma katsoi häntä ja sanoi:

"Poikani, haluat viettää päiväsi ja yösi *samadhissa*, eikö vain?"

Mies nyökkäsi, Amma hymyili ja sanoi:

"Hmmm."

Tuolla 'hmmm' –sanalla oli syvä merkitys, jota kumpikaan meistä ei vielä tuolloin ymmärtänyt. Vain Amma tiesi, kuinka valtava määrä puhdistautumista tarvittaisiin sen saavuttamiseen, luultavasti enemmän kuin yhden elämän verran. Kun hän oli tullut lännestä ja lukenut muutamia henkisiä kirjoja, hän kaiketi ajatteli, että tarvittaisiin muutaman kuukauden ponnistelu

Amman ohjauksessa ennen kuin hän saavuttaisi *samadhin*, Jumalaan sulautumisen tilan. Ehkäpä sisäinen hiljaisuus, jonka hän oli kokenut Amman läheisyydessä, sai hänet uskomaan niin.

Kehittymisen ensimmäiset merkit

Kun vakavasti otettava etsijä ryhtyy toden teolla ponnistelemaan Gurun ohjeiden mukaisesti, yksi ensimmäisiä asioita mitä hänelle tapahtuu, on tylsyyden ja väsymyksen voimallinen lisääntyminen. Amma sanoo:

> ”Kun yritämme poistaa kielteisiä ajatuksiamme, ne aiheuttavat meille vaikeuksia. Lapset, jos olette nukahtaa meditoidessanne, teidän tulee huolehtia siitä, ettei teistä tule unen orjia. Meditoinnin alkutaipaleella kaikki *tamasisuus*, laiskuus nousee pintaan. Jos pysyttelet valppaana, tällaiset ominaisuudet katoavat lopulta. Kun tunnet itsesi uneliaaksi, nouse ylös ja harjoita *japaa*, *mantran* toistamista kävellen käyttäen *malaa*, rukousnauhaa, pitäen sitä valppaana lähellä rintakehääsi. Jatka kiirettömästi *japaa*. Jos sinua nukuttaa edelleen, harjoita *japaa* seisten, nojaamatta mihinkään tai liikuttamatta jalkojasi.”

Kun aloitin henkisen elämän, olin kahdeksantoistavuotias. En tiedä miksi, mutta Itseoivalluksesta tuli minulle elämän ja kuoleman kysymys – tee tai kuole! – ajattelin. Saavuttuani Intiaan elämääni kohtasi epäonni. Aina kun suljin silmäni, nukahdin, siihen meni tuskin puolta sekuntiakaan vaikka olisin nukkunut kahdeksan tuntia edellisyönä. Vaikka joku puhui minulle, ei ollut mitenkään epätavallista, että pääni nuokahteli ja nukahtelin kuunnellessani häntä. Tai kun luin kirjaa, saatoin löytää itseni seuraavassa hetkessä maasta kippurassa kuin meduusa kuivalla maalla. Se oli kauheaa, ylivoimaista. Olin onneton ajatellessani, 'Mitä minulle oikein tapahtuu? Tulin Intiaan oivaltaakseni Jumalan ja nyt ainoa mihin kykenen on pystyyn nukahtaminen.' Nähdessään minut lootusasennossa *ashramin* meditaatiohallissa, jotkut oppilaat saattoivat luulla että olin hyvä meditoimaan, mutta *samadhin* hiljaisuus ja uni saattavat näyttää ulospäin samalta, mutta eivät ne ole sitä. Itse asiassa *samadhi* on sama kuin päivä on yölle ja yö on tässä uni.

En tiennyt mitä minun pitäisi tehdä, olin poissa tolaltani ja ahdistunut. Menin silloisen henkisen oppaani luokse ja kysyin häneltä:

"Mitä voin tehdä? Luulin meditaation olevan tie valaistumiseen. Tätä menoa voin unohtaa sen. Ehkä olen väärällä alalla."

Jopa silloin kun hän ryhtyi vastaamaan minulle, minua alkoi nukuttaa. Ajattelin, että ehkä minulla oli jokin sairaus, unitauti, jonka oli saanut laivassa tullessani tänne.

"Ei minulla ollut tätä ongelmaa tullessani Intiaan," sanoin. "Luulen, että kehossani on jokin vialla."

"Jos sinusta tuntuu siltä, niin noin kahdeksankymmenen kilometrin päässä on hyvä yksityinen sairaala," hän sanoi. "Jospa menet sinne läpikotaiseen terveystarkastukseen, myös psykiatriseen arviointiin."

Vaikka en halunnut jättää hänen seuraansa ja *sevaani*, epäitsekästä työtäni, tunsin, ettei minulla ollut muuta vaihtoehtoa ja niin suostuin. Lähdin seuraavana päivänä. Vietin siellä kymmenen päivää ja minulle tehtiin kaikki kokeet. He ottivat minulta jopa EEG:n, aivosähkökäyrän tutkiakseen aivojeni sähköisen toiminnan. Lopulta sain tulokset:

"Sinussa ei ole mitään vikaa. Voit mennä kotiin."

Palattuani, kerroin opettajalleni:

"Eivät he löytäneet mitään."

"Eivät tietenkään," hän sanoi. "Uskoitko todella, että he löytäisivät jotakin?"

"Miksi sitten lähetit minut sinne?"

"Halusin, että menet sinne, jotta saisit tietää, ettei sinussa ole mitään vikaa. Tämä tiivis *tamas*, jota koet nyt, ei johdu ainoastaan elämäntavoistasi joita noudatit ennen tänne tuloasi, vaan myös edellisistä elämistäsi, jotka nousevat nyt pintaan. Kun haluat puhdistaa likaisen pullon, kaadat siihen puhdasta vettä, joka huuhtelee lian pois. Kun nyt yrität keskittää mielesi, ensimmäinen asia joka nousee pintaan, on velttous. Sinun tulee taistella sitä vastaan, kunnes se menettää voimansa. Sana *tamas* itsessään tarkoittaa sitä mitä on 'vaikea vastustaa'."

Kuinka voittaa tamas

"Kun tunnet sen tulevan, kun mielestäsi on tulossa *tamasinen,* tylsä tai hajamielinen tai olet nukahtaa, sinun tulee vetää mielesi väkisin siitä ja keskittyä johonkin muuhun voimallisesti. Jos joku puhuu sinulle, älä anna mielesi vaeltaa. Keskity tarkkaavaisesti siihen, mitä hän sanoo sinulle. Älä anna mielesi olla toimeton. Jos haluat lukea, lue seisoen keskellä huonetta. Älä nojaa mihinkään mistään syystä. Se pitää hermostojärjestelmäsi vireänä, se auttaa voittamaan velttouden."

Asuin pyhällä vuorella. Opettajani kehotti minua lähtemään liikkeelle keskiyöllä ja juoksemaan ympäri vuoren kapeaa tietä pitkin päästäkseni eroon minua vaivaavasta tylsyydestä. Ja hän keksi myös muita keinoja pitääkseen minut hereillä. Hän tapasi keittää meille molemmille. Pidän intialaisesta ruoasta, mutta en ole koskaan oppinut rakastamaan chiliä, jota monet Intiassa rakastavat. Luin hiljattain, että chilillä on monenlaisia terveellisiä ominaisuuksia, mutta minun kieleni ei ole ilmeisestikään

99

tarpeeksi paksunahkainen, jotta osaisin arvostaa niitä. On olemassa monenlaisia chilejä, joiden nimet ovat todella pelottavia, kuten kirsikkapommi, sähikäinen, superchili, tulinen thaimaalainen, punainen paholainen, viikatemies Carolina, Morouganin skorpioni ja kyykäärme. Hän valmisti erilaisia ruokia, joissa oli kaksi tai kolme kertaa enemmän chiliä kuin yleensä. Nenäni ja korvani vuotivat, kaikki minussa vuosi. Ja minua kiellettiin sylkemästä chiliä suustani, vaan käskettiin nielemään se ruokani mukana. Hän sanoi, että ne lämmittäisivät ruumistani ja tekisivät minusta aktiivisemman. Ja osoittautui, että hän oli lopulta oikeassa. Se oli todellinen taistelu, mutta pääsin irti tylsyydestäni. Se oli taistelu kuolemaan asti, mutta olen kiitollinen, että kävin sen lävitse, sillä sen avulla ymmärsin *tamasisuuden* luonteen ja sain kehitettyä tahdonvoimaa ylittääkseni sen. Se oli yksi askel polullani saavuttakseni voimaa, jota tarvitaan mielen pysäyttämiseen, voidakseni sanoa mielelleni: "Ole hiljaa, pyydän!" ja saada se tottelemaan. Mieli ei pysähdy itsestään, vaikka odottaisimme kuinka kauan. Meidän tulee ponnistella voidaksemme pysäyttää sen ja tuo kamppailu kehittää meissä tahdonvoimaa hiljentää levottoman mielemme.

Amman neuvo

Meidän tulee ponnistella, Amma kehottaa. Meidän tulee yrittää ja uudelleen ja uudelleen ja lopulta voimme saavuttaa se. Mutta...

"Kun yritämme tuhota kielteisiä ajatuksia, ne alkavat aiheuttamaan meille hankaluuksia."

Tamasin pimeyden lisäksi mieleemme alkaa nousta epämieluisia ajatuksia. Meistä tulee kielteisempiä, vihaisempia, tuomitsevampia tai aistimuksiin kohdistuvat halumme voimistuvat.

Kaikenlaisia hämmentäviä ja omituisia asioita alkaa tapahtua, sellaisia joita emme lainkaan odottaneet tapahtuvaksi. Henkisestä autuudesta tulee kaukainen unelma. Älä sano, etteikö Amma olisi varoittanut sinua.

Emme voi sanoa, etteivätkö nämä ongelmalliset luonteenpiirteet olisi olleet meissä jo ennen kuin aloitimme henkiset harjoituksemme. Varmastikin vaalimme tällaisia ajatuksia, mutta emme kokeneet niitä silloin niin kiusallisiksi. Nyt asenteemme on muuttunut ja olemme tulleet tietoisiksi näistä haitallisista roskista mielemme talossa. Amma sanoo:

> "Kun tällaiset ajatukset ilmaantuvat mieleemme, meidän tulee harjoittaa erottelukykyä tähän tapaan: 'Oi mieli, onko siitä mitään hyötyä että vaalit tällaisia ajatuksia? Auttaako tällaisten ajatusten miettiminen sinua saavuttamaan päämääräsi?'"

Amma toisin sanoen kehottaa meitä sanomaan mielellemme, kun se alkaa purkamaan taipumuksiaan, *vasanoitaan*, kielteisiä ominaisuuksiaan: 'Onko siitä mitään hyötyä, että ajattelet tällaisia asioita? Tämäkö on päämääräsi?'

Toivottavasti olemme tähän mennessä ymmärtäneet mikä meidän päämäärämme on: mielenrauha.

Takertumattomuuden tärkeydestä

Amma muistuttaa meitä siitä, että tähän asti elämämme päämääränä on ollut tavoitella onnea ulkoisista kohteista ja ihmissuhteista. Outoa kyllä, jopa kielteiset ominaisuutemme ovat olleet meille eräänlainen onnen lähde. Vikojen löytäminen, vihastuminen, juoruilu, ylpeys, röyhkeys, seksuaalisten ajatusten koko sävelasteikko, sanat ja teot – kaikki tämä on antanut meille jonkinlaista nautintoa. Mitä enemmän me sorruimme tällaisiin toimintatapoihin, sitä enemmän ne juurtuivat meihin, kunnes ne muodostuivat luonteeksemme. Jotta voisimme päästä rauhattoman mielemme ongelman ytimeen, Amma sanoo:

"Meidän tulee kehittää itsessämme täydellistä takertumattomuutta maallisten kohteitten suhteen."

Amma käyttää sanoja, 'täydellinen takertumattomuus'. Hän painottaa henkisten etsijöitten elämässä kovasti takertumattomuuden tärkeyttä. Sankaracharyan *Vivekachudamanissa*, joka on Itseoivallusta käsittelevä klassikkoteos, sanotaan:

"Hänelle, joka harjoittaa itsekuria, en löydä parempaa apukeinoa onnellisuuden saavuttamiseksi kuin takertumattomuus, ja jos siihen liitetään vielä puhdas oivallus Itsestä, se johtaa suvereeniin, absoluuttiseen vapauteen. Ja koska tämä muodostaa kulkureitin ikuisen vapautuksen neitosen luokse, ole siksi oman hyvinvointisi tähden takertumaton sekä sisäisesti että ulkoisesti, ja kiinnitä mielesi alati ikuiseen Itseen."

– Vivekachudamani, ajatelma 376

Voimallisen takertumattomuuden puute on syynä sille, että emme kykene etenemään nopeasti henkisessä elämässämme. Missä määrin olemme vapaita maallisista asioista, johon kuuluu ruumiimme ja maailma jossa elämme, määrittää kuinka paljon edistymme yrityksissämme sukeltaa sisällemme. Halumme pitävät huomiomme pinnalla. Täydellinen takertumattomuus ja täydellinen keskittyminen ovat kaksi eri tapaa kuvata yhtä ja samaa asiaa.

Takertumattomuus ja vapaus intohimoista alkaa kehittyä mielessämme, kun alamme ymmärtää sitä minkälaisia ruumiimme ja maailma todella ovat luonteeltaan. Tällainen ymmärryskyky saa meidät oivaltamaan, että vaikka haluammekin olla aina onnellisia, se ei ole mahdollista sellaisten keinojen avulla, joita ihmiset yleensä omaksuvat. Ei ole epäilystäkään siitä, etteikö ruumiimme ja maailma voisi antaa meille jonkin verran onnea nautintojen välityksellä, mutta syvemmän ymmärryskyvyn omaaville sieluille tämä ei kuitenkaan riitä. Onneksemme Amma kertoo meille, että pysyvän onnen saavuttaminen on mahdollista, mutta meidän tulee etsiä sitä sieltä, missä se oikeasti on. Meidän tulee vakuuttua tästä joko omien huomioittemme takia, henkisen kirjallisuuden kertoman takia tai koska olemme kosketuksissa sellaisten *mahatmojen* kanssa, jotka elävät Tuonpuoleisessa Tietoisuudentilassa, niin kuin Amma, että tämä tila on todellakin olemassa ja että meidän kannattaa ponnistella saavuttaaksemme sen. Pitkäaikaisen *sadhanan*, henkisten harjoitusten seurauksena mielestämme tulee ehdottoman vakaa, se täyttyy täydellisellä rauhalla, puhtaalla tietoisuudella ja me saamme kokea todellisen Itsemme. Lähestyimmepä sitten todellisuutta etsimällä Todellista Olemustamme tai sisällämme asustavaa Jumalaa, tarvitsemme takertumattomuutta. Rakkaus Jumalaa tai Itseä kohtaan voi kasvaa meissä vain jos annamme tälle asialle koko mielemme ja sydämemme. Niin kuin ikivanha Raamatun sanonta kuuluu:

> "Rakasta Herraa, sinun Jumalaasi, kaikesta sydämestäsi ja kaikesta sielustasi ja kaikesta voimastasi."
>
> – 5. Moos. 6:5

Kun kehitämme itsessämme täydellistä takertumattomuutta ja kun kokoamme levottoman mielemme yhä uudelleen, uudelleen ja uudelleen sisällemme, vain silloin jumalallinen rakkaus saa meissä mahdollisuuden.

9. LUKU

Ego ja Itse

"Mitä on todellinen itseluottamus? Ken omaa todellista itseluottamusta, hänen luottamuksensa ei ole syntynyt egosta vaan Todellisen Itsen synnyttämästä tietoisuudesta."

– Amma

Kun Amma käyttää sanaa 'itseluottamus', hän ei tarkoita pienen egon tavanomaista itsevarmuutta, vaan pikemminkin uskoa, luottamusta ja viisautta, joka syntyy Jumalan ja Gurun kokemisesta ja antautumisesta Hänelle. Kun oleskelemme todellisen Gurun läheisyydessä ja seuraamme hänen tekojaan, puheitaan ja opetuksiaan, meissä kehittyy luottamus hänen edustamaansa elämäntapaa kohtaan. Vähitellen meistä tulee Gurun kuvia. Pitkällisen harjoittelun jälkeen me virittäydymme lopulta siihen Jumalalliseen Läsnäoloon, jota hän ilmentää, ja alamme elää samanlaisessa keskittyneisyyden ja vakaan Jumaltietoisuuden tilassa.

Sen sijaan, että vain lukisimme henkistä kirjallisuutta, kun saamme oleskella Amman kaltaisen *mahatman*, valaistuneen olennon seurassa, vaikkapa vain lyhyenkin aikaa, näemme mitä jumalallinen rakkaus ja itseluottamus todella ovat. Olemme saaneet kuulla, että 'Jumala on rakkaus'. Mutta tämä on teoriaa useimmille meistä. Miten Jumala voisi olla rakkaus, kun kerran maailmassa on niin paljon epätasa-arvoisuutta ja kärsimystä?

Meille on kerrottu, että Luoja on luonut kaikki ihmiset tasa-arvoisiksi. Yhdysvaltain itsenäisyysjulistus vuodelta 1776 sanoo:

"Pidämme näitä totuuksia itsestään selvinä: että kaikki ihmiset on luotu tasa-arvoisiksi, että heidän Luojansa on antanut heille tiettyjä luovuttamattomia oikeuksia, että näihin oikeuksiin kuuluvat oikeus elämään, vapauteen ja onnen tavoitteluun."

Voimme nähdä Amman elämän painottavan hyvin toisenlaista 'tasa-arvoisuutta'. Kun kasvamme, siitä tasa-arvoisuudesta, johon olemme syntyneet, tulee usein hyvin epätasa-arvoista. Joudumme kohtaamme suosimista ja syrjintää jo lapsina. Mutta Amman ilmentämä tasa-arvoisuus on aina samanlaista, ei ainoastaan ihmisiä vaan myös kasveja ja eläimiä kohtaan. Hän samastuu Universaaliin Elämään ja Tietoisuuteen, sen tähden hän näkee tuon Periaatteen kaikessa ja tämä ilmenee pyyteettömänä ja tasa-arvoisena rakkautena.

Amman kokemus Ykseydestä on itsekkyyden ja itsekeskeisyyden vastakohta.

Itsekkyys: liioiteltua omahyväisyyden tunnetta, tapa puhua itsestään liikaa.

Itsekeskeisyys: itsekeskeinen ihminen asettaa itsensä ja omat tarpeensa muiden edelle, erittäin itsekäs henkilö.

Ykseyden näkeminen moninaisuuden maailmassa

Amman kaltaiset olennot näkevät Ykseyden moninaisuuden maailmassa. He samastuvat kaikkiin. Heidän pieni, rajoittunut egonsa on laajentunut Äärettömäksi Olennoksi, koska he ovat luopuneet yksilöllisyydestään ja sen ilmentymistä, haluista, peloista ja sen sellaisesta.

"Hän kohtelee hyväntahtoisia, ystäviä, sukulaisia, vihollisia, välinpitämättömiä, sovittelijoita, vihaisia, hyveellisiä ja paheellisia samalla tavalla."

– Bhagavad-Gita VI:9

Mahatmat ovat harjoitelleen jatkuvasti ja keskittyneet kaiken aikaa Jumalalliseen, siten he ovat onnistuneet kukistamaan oman levottoman mielensä. Olennot, jotka ovat saavuttaneet Itseoivalluksen näkevät itsensä Brahmanina, Jumalana ja kaiken muun ilmentävän Sitä. Krishna sanoo:

"Ken on rauhoittanut mielensä joogan avulla, näkee Itsensä kaikissa ja kaikki Itsessä; hän näkee saman kaikkialla.

Ken näkee Minut kaikkialla ja kaiken Minussa, eikä koskaan kadota Minua näkyvistään, enkä Minä koskaan kadota häntä näkyvistäni.

Joogi, joka palvelee Minua kaikissa olennoissa ja joka pysyttelee yhteydessä Minuun, elää Minussa, olipa hän missä hyvänsä.

Oi Arjuna, joogeista parhain on hän, joka ajattelee toisia, niin kuin hän ajattelee itseään, olivatpa nämä sitten ilon tai surun vallassa."

– Bhagavad-Gita VI:29-32

Viimeinen säkeistö muistuttaa Raamatun kultaista sääntöä, vastavuoroisuuden etiikkaa, joka tuo esiin jommankumman seuraavista periaatteista:

"Kaikki, minkä tahdotte ihmisten tekevän teille, tehkää te heille. Mitä ette tahdo muiden tekevän teille, älkää tehkään tehkö heille."

Tämä on tietenkin eettinen ohje eikä ykseyden tilasta syntynyt kokemus.

Amman mietiskeleminen

Amma ei puhu paljoakaan itsestään, mutta *Bhagavad-Gitan* lukeminen antaa meille kuvan siitä mitä hän kokee ja kuvan siitä päämäärästä, jota kohti meidän tulisi pyrkiä. Kun ajattelemme Ammaa ja tunnemme kiintymystä ja rakkautta häntä kohtaan, hyödyttömät ajatukset ja tunteet poistuvat vähitellen mielestämme. Saatamme huomata, että tilanteet jotka masensivat meitä ennen, eivät enää synnytä meissä tällaisia tunteita. Kun muistamme Amman esimerkin ja sanat, puhuessamme toisille ja ollessamme heidän kanssaan vuorovaikutuksessa, egomme puhdistuu hiljalleen ja alamme heijastaa Amman luonteenlaatua. 'Minä' muuttuu vähitellen 'Sinuksi'. Meidän tekomme vaihtuvat Amman teoiksi, samoin käy ajatustemme. Takertumattomuuden tunne sarastaa mielessämme ja sen myötä viriää rauha. Myöhemmin alamme tuntea itsevarmuutta sen tähden, että heijastamme häntä, pelkomme menettävät otteensa, kun tunne Amman läsnäolosta kasvaa meissä. Emme puhu enää nöyryydestä vaan meistä tulee nöyriä. Egoina meistä tulee läpinäkyviä ja pehmeitä tuntiessamme, että Amma on mielemme taustalla oleva muuttumaton todellisuus. Meistä tulee ei-mitään ja Ammasta tulee kaikki.

Kiihkomielinen antaumus ja sanatana dharma[1]

Henkisessä elämässä on vaihe, jolloin meistä saattaa tulla suvaitsemattomia heitä kohtaan, jotka ovat erilaisia kuin me. Toisinaan kun uskomme Guruun, pyhiin kirjoituksiin tai uskontoon

---

[1] *Sanatana dharma* on hindulaisuuden alkuperäinen nimitys. *Sanatana* tarkoittaa ikuista ja *dharma* elämäntapaa ja uskontoa. *Sanatana dharma* on näin ikuinen elämäntapa, ikuinen uskonto.

kehittyy, meistä tulee kiihkeitä ja ahdasmielisiä. Tämä on ymmärrettävää, kun olemme vakuuttuneita uuden elämäntapamme mahtavuudesta. Itse asiassa tällainen asenne auttaa meitä tietyssä henkisen elämämme vaiheessa. On hyvä olla täysin keskittynyt yhteen asiaan, sillä se säästää meidät häiriötekijöiltä ja siltä, että meistä ei tule uskossamme laimeita, että meiltä ei puutu luonteenvoimaa ja että harjoituksistamme ei puutu päämäärätietoisuutta. On hyvin yleistä, että me henkiset etsijät vaellamme näytteikkunaostoksille *ashrameihin* ja eri gurujen luokse. Lopulta meidän tulee kuitenkin valita yksi opettaja ja yksi harjoitus. Kuten sanonta kuuluu, jos haluat vettä, kaiva yhdestä paikasta kunnes löydät sitä.

Yksi *sanatana dharman* tai hindulaisuuden, kuten sanotaan, suurenmoisimmista piirteistä on siinä, että se hyväksyy kaikki erilaiset jumalakäsitykset ja kaikki eri polut Jumalan luokse. Katsokaamme vaikkapa sitä universaalia hyväksyntää, jonka ruumiillistuma Amma on. Hänessä ei ole kiihkomielisyyttä eikä ahdasmielisyyttä. Meidän tulee tuntea syvää kiintymystä omaa polkuamme kohtaan, mutta samaan aikaan meidän tulee olla avarakatseisia muiden polkuja kohtaan. Tämä vaatii jonkun verran taitoa ja kypsyyttä.

Puhelinjärjestelmän asiantuntija tuli kerran vierailemaan San Ramonin *ashramissa*. Hän ei omannut minkäänlaista mielenkiintoa henkisiä asioita kohtaan. Mutta kun hän näki seinällä valtavan kokoisen kuvan Ammasta, hän katseli sitä samalla, kun esitteli erilaisia puhelimia. Oli selvää, että hän oli utelias tietämään, kuka Amma oikein oli.

"Kuka tuo nainen on?" hän kysyi lopulta.

"Hän on intialainen pyhimys, tietyssä mielessä samanlainen kuin Äiti Teresa," vastasin.

Mielestäni tämä on hyvä tapa esitellä Amma heille, jotka eivät tiedä mitään intialaisesta henkisyydestä, sillä Äiti Teresa on tunnettu hahmo kaikkialla maailmassa ja häntä pidetään myös pyhimyksenä.

"Ihanko totta?" nainen sanoi. "Uskooko hän, että Jeesus Kristus on Jumalan ainoa poika?"

En odottanut tuota kysymystä, joten minun piti ajatella nopeasti.

"Hän uskoo, että Jeesus Kristus on *yksi* Jumalan pojista, mutta ei ainoa."

"Miten tuo voisi olla totta?"

"Ajattelepa asiaa. Ihmisiä on ollut olemassa tuhansien vuosien ajan. Onko mahdollista, että kaikkina noina vuosina Jumala olisi armossaan laskeutunut vain kerran maan päälle ja että kaikkien tulisi sitten tuon tapahtuman jälkeen uskoa yhteen ainoaan inkarnaatioon, ja että kaikki muut ihmiset, jotka ovat eläneet ennen hänen aikaansa, heistä kukaan ei olisi voinut saavuttaa vapautusta vain sen tähden, että heidän huono onnensa oli syntyä eri aikakautena? Nähdäkseni Jumalan, joka on ääretön ja ikuinen, täytyy ilmestyä aina silloin maan päälle, aina kun asiat menevät huonosti, auttaakseen, ja että Jeesus oli yksi tällaisista Jumalan ruumiillistumista."

"Enpä ole koskaan tullut ajatelleeksi asiaa noin," hän sanoi. "Mutta tuossa on kyllä järkeä."

Sen jälkeen puhuimme vain Ammasta. Hän näytti tyytyväiseltä ja sanoi sitten:

"Yritän antaa teille parhaan mahdollisen alennuksen, vaikka oma välityspalkkioni kärsisikin tästä."

Hän oli selvästi onnellinen saatuaan kuulla, että Amman kaltainen henkilö oli olemassa maan päällä, tässä ajassa. En tiedä tuliko hän koskaan tapaamaan Ammaa, mutta ainakin hän sai kokea Amman *darshanin* hänen kuvansa välityksellä. Toisin kuin monet, hän oli luonteeltaan avarakatseinen.

Saatamme yllättyä kuullessamme, että jopa hindupalvojien joukossa on ollut heitä, jotka ovat kinastelleet jumalkäsityksistään. Näin ei ole niinkään tänä päivänä, mutta uskokaa tai älkää, satoja vuosia sitten eri lahkot saattoivat jopa taistella ja tappaa toisiaan Jumalaa kohtaan tuntemansa antaumuksen tähden.

Shaivismi ja vaishnavismi

Olipa kerran kaksi oppilasta, jotka kävelivät katua vastakkaisiin suuntiin, samassa alkoi sataa rankasti. Tien varressa oli vain vanha, ränsistynyt talo, joten he molemmat kiirehtivät sen sisälle ja istuutuivat yhteen huoneista odottamaan sateen loppumista. Ensimmäinen heistä, Shivadas, oli shivalainen, Shivan palvoja. Mistä tiedämme, että joku palvoo Shivaa? Siitä, että hänellä on kolme *bhasmaa*, tuhkaraitaa vaakatasossa otsallaan. Toinen, Vishnudas, oli vaishnavi, Vishnun palvoja ja hänen otsallaan oli *namam*, kolme pystysuoraa viivaa. He katsoivat toisiaan ja päättivät, etteivät olisi missään tekemisissä toistensa kanssa eroavien näkemystensä takia. Niinpä he istuivat selin toisiinsa nähden, etteivät joutuisi kohtaaman toistensa jumalia. Kuulostaa hullulta, eikö totta?

Mutta kuinka pitkään he saattoivat jatkaa tällä tavoin? Lopulta heidän oli ryhdyttävä puhumaan toisilleen, se on selvä. Ja mitä he sanoivat? Mitäpä muuta kuin, että yrittivät vakuuttaa toisilleen oman jumalansa ylivertaisuutta.

Vishnudas sanoi:

"Kuulehan, minun pystysuora jumalani tukee jokaista taloa, jossa sinä olet suojassa. Näetkö seinät? Ne ovat pystysuorat kuten minun jumalani."

Shivadas ei aikonut hyväksyä tällaista noin vain, joten hän sanoi:

"Sinun jumala raukkaasi on kantojuhta. Hän joutuu kantamaan asioita selässään. Katso minun jumalaani, hän on vaakasuora jumala, hän lepää onnellisena sinun jumalasi päällä." Hän osoitti katon poikki meneviä puisia palkkeja. Vishnudasin oli vastattava tähän jollakin tavoin, joten hän sanoi:

"Olet ahdasmielinen puhuessasi noin. Katso minun pystysuoraa jumalaani. Katso noita pystysuoria palkkeja, jotka lepäävät kattoparrujen päällä. Myönnä, että minun pystysuora jumalani on suurempi kuin sinun vaakasuora jumalasi."

Shivadasia masensi moinen puhe, hän ei aikonut hyväksyä tuollaisia väittämiä, joten hän sanoi:

"Eikö sinulla ole silmiä päässäsi? Etkö näe, että pystysuoran jumalasi päällä on vaakasuora jumala? Bambunoksat kannattelevat kattoa!"

Sisällä ei ollut enää mitään mitä he olisivat voineet käyttää todisteena, niinpä Vishnudas meni ulos sateeseen, katsoi kattoa ja sanoi:

"Näetkö, katolla, bambujen päällä on pystysuoria laattoja, joten minun pystysuora jumalani on paljon mahtavampi kuin sinun vaakasuora jumalasi. Minä voitin."

Shivadas tuli sateeseen, katsoi ylös ja näki, että viimeisenä katon päällä oli todellakin vaakasuoria laattoja ja niiden yläpuolella oli vain taivas, ja oliko taivas vaakasuora jumala vai pystysuora jumala, sitä kumpikaan ei voinut sanoa, joten Shivadas raivoistui. Hän hyppäsi katolle ja alkoi heitellä laattoja alas sanoen:

"Minä opetan sinulle minkälainen sinun jumalasi on!"

Nähdessään tämän Vishnudas rikkoi bambut. Sen jälkeen Shivadas rikkoi kattoparrut, jonka jälkeen Vishnudas rikkoi palkit. Lopulta Shivadas murskasi seinät ja lopulta he molemmat istuivat sateessa nääntyneinä, mutta onnellisina sen tähden, että he olivat kumpikin mielestään voittaneet väittelyn tuhoamalla talon.

On täysin järjetöntä kiistellä siitä, kenen Jumala on suurin tai kenen Guru on mahtavin. Jumala todennäköisesti nauraa meille, sillä me olemme kaikki täysin tietämättömiä Jumalan ja Gurun todellisesta olemuksesta. Jumala ei ole henkilö niin kuin me. Jumala on *akhanda-sat-chit-ananda*, jakamaton olemassaolo-tietoisuus-autuus, kaikkien Itse. Eikä mikään ole erillään Hänestä.

10. LUKU

Henkisyyden Mount Everest

Henkisellä polulla vaeltaminen on eräässä mielessä samanlaista kuin Mount Everestille kiipeäminen. Se vaatii jatkuvaa, lähes yli-inhimillistä ponnistelua ja tarkkaavaisuutta. Tässä on kyse elämästä ja kuolemasta. Meidän tulee olla äärimmäisen valppaita kaiken aikaa ja välttää kaikenlaisia vaaroja, sillä pieninkin lipsahdus voi merkitä tuhoamme. Ja ennen kaikkea tarvitsemme kokeneen oppaan. Tämä tie ei ole kaikkia varten, tosin heille joille huipun tarjoamasta loisteliaasta näkymästä nauttiminen on pakkomielle, se on arvokkaampaa kuin mikään muu.

Muinainen tietäjä Narada oli suuri Jumalan palvoja ja samalla Itsensä oivaltanut sielu. Hän kirjoitti tutkielman kaikesta siitä, mikä liittyy *bhaktiin*, antaumukseen. Teos tunnetaan nimellä *Narada Bhakti Sutrat*. *Sutra* ilmaisee laaja-alaisen oivalluksen tiivistetyssä muodossa. Narada varoittaa meitä henkisen polun sudenkuopista ja neuvoo sen suhteen, mitä meidän tulisi tehdä saavuttaaksemme jumalallisen rakkauden. Yhtä tärkeää on se, että hän kertoo meille, mitä meidän ei tulisi tehdä. On olennaista, että tiedostamme nämä molemmat puolet henkisestä polusta. Koska olemme niin sanotusti sosiaalisia eläimiä, meidän tulee olla erityisen valppaita sen suhteen, minkälainen vaara piilee ihmisten seurassa, se saattaa aiheuttaa sen, että lipsahdamme polultamme. Meidän ei tulisi ajatella, että 'minä olen niin vahva omassa antaumuksessani, etteivät toisten puheet ja ajatukset vaikuta minuun'.

Ihmisten puheiden ja ajatusten lisäksi myös heidän värähtelynsä ja ravintonsa, jota he saattavat tarjota meille, vaikuttavat meihin.

"Vältä kaikin tavoin syntisiä, sillä heidän seuransa saattaa johtaa siihen, että seksuaaliset ajatukset, vihastuminen ja harhakuvitelmat lisääntyvät, (henkisyys) unohtuu ja erottelukyky katoaa ja lopulta seuraa perikato. Vaikka tällaiset (tunteet) olisivatkin aluksi vain väreitä (mielessämme) lopulta niistä tulee kuin hyökyaaltoja valtameren pinnalla.

– Narada Bhakti Sutrat, jakeet 42-45

Amma sanoo, että meidän tulisi tarkoin varjella uskon ja antaumuksen herkkää kasvia itsekurin aidalla:

"Älä anna kielteisille värähtelyille mahdollisuutta vaikuttaa kehoosi. *Sadhakan*, henkisen oppilaan ei tule katsoa ketään kiinteästi. Älä puhu liikaa. Paljon elinvoimaa katoaa puhuessamme. On erittäin suositeltavaa, että *sadhaka* ei vietä aikaa muiden parissa. Vaikka sanotaankin, että olemme kaikki ihmisiä, mutta ovatko kaikki samanlaisia? Jotkut ovat varkaita, toiset ovat viattomia ja kolmannet myötätuntoisia. On selvää, että *sadhakalle* aiheutuu siitä vahinkoa, jos hän viettää aikaansa heidän seurassaan, jotka eivät ole omaksuneet henkistä kulttuuria. Jos olemme läheisesti tekemisissä spitaalisen kanssa, eikö hänen sairautensa vaikuta silloin myös meihin?"

"Kaikki nämä säännöt ovat tarpeellisia *sadhana*-jakson, henkisten harjoitusten aikana ennen *jivanmuktin*, vapautuksen saavuttamista. Harjoittamalla huomattavissa määrin ulkoista valppautta *sadhaka*, henkinen oppilas kykenee kestämään ja voittamaan alkutaipaleen vaikeudet. *Ashramissa* tai luostarissa itsekuri ja säännöllinen rytmi ovat välttämättömiä. Ihmiset tarvitsevat polun, linnut eivät sellaista tarvitse. *Avataara* tai *jivanmukta*, vapautuksen saavuttanut tietäjä ei tarvitse polkua. Mutta me voimme edetä vain noudattamalla pyhien kirjoitusten ja suurten mestareitten antamia sääntöjä ja ohjeita. Tällaisten rajoitusten noudattaminen saattaa vaikuttaa *advaitan*, ykseysfilosofian kannattajasta jonkinlaiselta heikkoudelta, mutta tällaiset ihmiset kykenevät ainoastaan puhumaan ei-kaksinaisuuden tilasta. Kaikki he, jotka ovat todella saavuttaneet tuon päämäärän, ovat heitä, jotka ovat noudattaneet itsekuria tähän tapaan."

Äärimmäinen itsekuri ei välttämättä ole mahdollista kaikille *sadhakoille*, henkisille oppilaille. Monien on näet elettävä maailmassa, käytävä töissä tai koulussa. Olisi ihanteellista, jos kaikki läheiset ystävämme olisivat henkisellä polulla, mutta toisinaan tämäkään ei ole mahdollista. Tosin on myös niin, että kun alamme olla vakavissamme henkisellä polulla, useimmat maalliset ystävämme ovat jo jättäneet meidät. Joka tapauksessa meidän on hyvä tiedostaa, millä tavoin seura vaikuttaa meihin, onko seuralla vaikutusta oman uskomme ja antaumuksemme syvyyteen. Usko ja antaumus eivät noin vain katoa, sille on aina olemassa syynsä, ja meidän olisi hyvää ymmärtää se ja välttää tällaista kielteistä vaikutusta.

Palasin vuonna 1978 Yhdysvaltoihin kuudeksi kuukaudeksi saadakseni lääketieteellistä hoitoa ja asuin tuohon aikaan äitini luona, sillä en tuntenut ketään muutakaan kenen luokse olisi voinut mennä. Tämä tapahtui vähän ennen kuin tapasin Amman. Olin viettänyt Intiassa jo kymmenisen vuotta. Koin olevani vahva uskossani ja takertumattomuuden harjoittamisessa. Olin päättänyt jo vuonna 1967, että henkinen elämä oli ainoa mahdollinen elämäntapa minulle ja että tulisin olemaan selibaatissa elävä munkki lopun elämääni. Kukaan ei ollut suostutellut minua elämään tähän tapaan, enkä ollut edes lukenut kirjaa, jossa olisi sanottu, että näin tulee elää. Tämä vakaumus oli kehittynyt minussa itsestään, tunsin vain etten voinut elää millään toisella tavoin. En ole sanomassa, että tämä olisi ainoa tapa henkisen tien kulkijalle, mutta minulla ei ollut epäilystäkään siitä, etteikö se ollut minun tieni.

Salakavalat ajatukset

Kävin erilaisilla lääkäreillä ja kokeilin monenlaisia hoitokeinoja, ilman sen suurempaa hyötyä. Kunnes viidennen kuukauden jälkeen huomasin, että mielialani alkoi muuttua, että aloin ajatella itselleni vieraalla tavalla, 'Miksi elän tällä tavalla? Miksi aiheutan itselleni niin paljon kärsimystä? Jätin kaiken, maallisen onnen ja nautinnot, minkä ihmeen takia? Saatuani kuulla, että on olemassa autuuden tila, joka on paljon suurempi kuin maalliset nautinnot ja että sen voi saavuttaa, olen kärsinyt kymmenen vuotta tavoitellessani sitä. Ja mitä siitä on seurannut? Olen kaiken aikaa sairaana. Miten tyhmä olenkaan ollut! Olen hukannut elämäni. Minun olisi pitänyt kuunnella heitä, jotka sanoivat, että olisin paljon onnellisempi, jos eläisin maallista elämää.'

Seuraavassa hetkessä – ja tämän täytyi tapahtua Guruni armosta, ajattelin, 'Miksi ajattelen näin? Mitä minulle on tapahtunut? Ei minulla ollut tällaisia ajatuksia Intiassa ollessani. Mikään toinen elämäntapa ei sovi minulle. Olen jo elänyt maallista elämää ja nähnyt selkeästi kuinka itsekästä ja tyhjänpäiväistä se on. En halua palata siihen. Meneekö yliopiston käynyt takaisin lukioon opiskelemaan? Miksi tällaiset ristiriitaiset ajatukset ovat täyttäneet mieleni? Onko minulla vielä täyttymättömiä toiveita tai kunnianhimoisia tavoitteita?'

Yritin ymmärtää mitä minulle oli tapahtumassa. Lopulta oivalsin, että maallinen ympäristö ja maailmalliset ihmiset olivat vaikuttaneet minuun ja horjuttaneet henkistä olemustani. Kaikki tapaamani ihmiset olivat vihjanneet hienovaraisesti tai aivan suoraan, että jos 'eläisit normaalia elämää, kaikki ruumiilliset vaivasi katoaisivat ja olisit onnellinen'. Yksi näistä hyvää tarkoittavista, mutta harhan vallassa elävistä ystävistäni jopa ehdotti, että ajaisimme Meksikon rajalle ja nauttisimme prostituoitujen seurasta.

Tässä vaiheessa olin jo niin sairas, etten kyennyt istumaan tai kävelemään kymmentä askelta, mutta päätin, että jos kuolen, se ei saa tapahtua täällä. Tapahtukoon se henkisessä ilmapiirissä ja henkisessä mielentilassa. Mieluummin kuolisin kuin tuhlaisin kymmenen vuotta, jotka olin viettänyt harjoittaen musertavaa *sadhanaa*, henkisiä harjoituksia. Niinpä soitin ja tilasin itselleni lentolipun heti seuraavaksi päiväksi Intiaan.

Päästyäni jotenkuten Intiaan, henkinen tietoisuudentilani palasi. Tajusin, että ravinto, seura, keskustelut, yleinen ilmapiiri, kaikki nämä vaikuttavat meihin, vaikka luulisimme olevamme mieleltämme ja henkiseltä laadultamme miten vahvoja tahansa. Ilmapiiri on aina meitä vahvempi, sekä hyvässä että huonossa mielessä. Ja ymmärsin, että Guruni oli pelastanut minut vaarallisesta tilanteesta, johon oma tietämättömyyteni oli minut ajanut.

Vipranarayanan tarina

Palattuani Intiaan sain kuulla opettavaisen tarinan, joka toi mieleeni oman katkeran kokemukseni. Tarina sisälsi useita henkisiä opetuksia. Kyse oli Tamil Nadussa 700-luvulla eläneen merkittävän Jumalan palvojan, Vipranarayanan tarinasta.

Vipranarayana syntyi pappissukuun ja kasvoi Vedoja ja pyhiä kirjoituksia opiskellen. Hän oli myös suuri runoilija ja muusikko. Vipranarayana oli päättänyt pysytellä *naisthika brahmacharina*, ikuisena poikamiehenä. Hän tapasi kylpeä aina aamuisin joessa, sitten hän harjoitti *mantrajapaa*, mantran toistamista ja palvoi Vishnua Ranganatha-jumalan hahmossa. Hän hankki omistukseensa laajan maa-alueen Ranganathan temppelin läheltä, perusti sinne *ashramin* ja rakennutti sinne kukkia täynnä olevan puutarhan. Hän keräsi kukkia joka päivä ja teki niistä kukkaseppeleen temppelin jumalalle. Laulaessaan Herralleen hän vaipui aina antaumukselliseen mielentilaan ja unohti maailman.

Eräänä päivänä kun hän oli palaamassa *ashramiinsa* Jumalasta päihtyneessä mielentilassa, kaksi *devadasia,* [1] temppelitanssijaa ja prostituoitua, kumarsivat hänelle ja jäivät odottamaan hänen siunaustaan. Vipranarayana ei edes huomannut heitä vaan jatkoi matkaansa. Toinen naisista, Devadevi, loukkaantui syvästi, hän koki miehen kohtelevan heitä töykeästi. Devadeviä pidettiin yleisesti kuningaskunnan kauneimpana ja taitavimpana tanssijana. Tästä johtuen hän oli ylpistynyt. Hän kääntyi sisarensa puoleen ja sanoi:

"Kuka tuo mies luulee olevansa, kun hän kuvittelee voivansa jättää minut vaille huomiota ja kävellä noin vain tiehensä? Olen kuningaskunnan kaunein nainen. Ettäs kehtaa!"

"Ei siitä ole kyse, sisareni, hän on suuri Jumalan palvoja eikä luultavasti edes huomannut meitä. Tule, mennään kotiin," hänen sisarensa ehdotti.

---

[1] *Devadasit* ovat intialaisia temppelitanssijoita ja kurtisaaneja. 1930-luvulla brittihallinto ja eräät intialaiset osavaltiot pyrkivät lakkauttamaan *devadasien* prostituutioon viittaavan toiminnan.

"Ei onnistu! En aio niellä tuota loukkausta niin kuin kuka tahansa! Lyönpä vetoa, että teen hänestä orjani muutamassa päivässä," Devadevi sanoi.

"Sisareni, pyydän, mennään kotiin. Jos yrität tuhota tämän suuren palvojan, jokin kauhistuttava rangaistus kohtaa sinua, siitä ei ole epäilystäkään," hänen sisarensa aneli.

Mutta Devadevi ei antanut periksi, hän lähti sisarensa kanssa kotia kohden kostojuonia punoen.

Kun he saapuivat kotiin, Devadevi pukeutui Vishnun palvojaksi ja laittoi ylleen kauniin, vaalean asun, kaulaansa koristamaan hän ripusti *tulasimalan*, otsaansa hän laittoi santelipuu-uutetta ja taitavana muusikkona hän piti käsissään symbaaleja. Kun hän saapui Vipranarayanan *ashramin* portille, hän istuutui laulamaan hengellisiä lauluja. Kun Vipranarayana saapui, hän ei kuten tavallista huomannut Devadeviä vaan asteli puutarhaan. Näin jatkui päivän pari, mutta Devadevi ei lannistunut. Kolmantena päivänä hänen äänensä sointu herätti Vipranarayanan antaumuksellisesta mielentilasta, mies seisoi pitkään paikoillaan kuunnellen haltioituneena ja lopulta hän kysyi, kuka nainen oli ja miksi tämä istui hänen *ashraminsa* edustalla. Silloin Devadevi vastasi hänelle sanoen:

"Synnyin ilotalossa. Äitini halusi minunkin myyvän itseäni rahasta, mutta kieltäydyin. Olen ollut Ranganathan palvoja lapsuudestani alkaen. Äitini hakkasi minua ja lukitsi minut huoneeseen. Karkasin ja juoksin joelle hukuttaakseni itseni, sillä en halunnut enää elää. Juuri kun olin hyppäämässä jokeen, Ranganatha ilmestyi jumalatar Lakshmin seurassa ja kehotti minua tulemaan sinun *ashramiisi,* että antaisit minulle turvapaikan. Sen tähden olen nyt tullut. Ethän lähetä minua pois!"

Kun Virpanarayana kuuli tämän säälittävän ja ihmeellisen tarinan, hän sanoi Devadeville, että tämä voisi asua puutarhan majassa. Mutta hänen palvelijansa varoitti, että naisesta tulisi olemaan vain harmia, mutta Vipranarayan ei kuunnellut. Hän lupasi, että Devadevi saisi toimia hänen puutarhanhoitajanaan. Kun päivät kuluivat, hän alkoi keskustella naisen kanssa yhä useammin, kuunteli tämän soittoa ja laulua ja alkoi huomaamattaan ihailla hänen kauneuttaan ja suloista luonnettaan. Kyllästyneenä tilanteeseen hänen palvelijansa lähti.

Sattui niin, että eräänä yönä satoi rankasti ja Devadevin maja romahti. Devadevi näki nyt tilaisuutensa koittaneen saavuttaa sen, mihin oli kaiken aikaa pyrkinyt. Nainen lähestyi Vipranarayanan huoneetta ja seisahtui kuistille. Lopulta Vipranarayana huomasi hänet ja pyysi naista astumaan sisälle. Kun hän näki, että nainen oli läpimärkä, hän antoi tälle yhden asuistaan ja kehotti häntä vaihtamaan vaatetta. Koska huone oli pieni, Virpanarayana sanoi, että nainen voisi levätä yhdessä nurkassa, hän itse oleskelisi toisessa nurkkauksessa. Tehdäkseni pitkästä tarinasta lyhyen, Devadevi tarjoutui lopulta hieromaan Virpanarayanan kolottavia jalkoja, johon mies suostui ja pian he jo syleilivät toisiaan.

Devadevi oli voittanut! Niinpä hän lähti *ashramista* ja meni kotiinsa Vipranarayanan suureksi pettymykseksi ja suruksi. Devadevi oli onnistunut lumoamaan Vipranarayanan sydämen. Vipranarayana lopetti nyt temppelissä käynnit eikä enää tehnyt Jumalalle kukkaseppeleitä puutarhansa kukista. Kukkien uhraaminen Jumalalle loppui tyystin, hän ajatteli kaiken aikaa vain Devadeviä. Lopulta hän ei kestänyt enää vaan meni Devadevin talolle anelemaan, että hänet päästettäisiin sisälle. Nähdessään, ettei miehellä ollut rahaa Devadevin äiti heitti hänet ulos sanoen:

"Älä tule takaisin ennen kuin pystyt maksamaan siitä!"

Surullista kyllä, mutta nyt Devadevikin oli ymmärtänyt virheensä, hän oli näet rakastunut Vipranarayanaan, joka makasi hänen kuistillaan ja itki.

Tuona yönä Jumala, joka oli seurannut kaikkea sitä mitä oli tapahtunut, päätti että nyt oli aika pelastaa Hänen palvojansa. Hän omaksui Vipranarayanan palvelijan hahmon ja koputti Devadevin ovelle. Kun äiti avasi oven, hän antoi tälle kultaa täynnä olevan maljan ja sanoi olevansa Vipranarayanan palvelija. Malja oli maksu Vipranarayanan kaikista tulevista toiveista.

Aikaisin seuraavana aamuna, kun Ranganathan temppelin pyhätön ovet aukaistiin, papit järkyttyivät huomatessaan, että kultainen malja oli kadonnut. Pyhätön lukko oli kuitenkin ehjä eikä murtojälkiä näkynyt. Jos ryöstäjä olisi murtautunut sisään, lukkojen olisi täytynyt olla rikki ja ovien retkottaa avoinna, mutta näin ei ollut asian laita eikä muitakaan esineitä ollut kadonnut.

Asiasta ilmoitettiin kuninkaalle, joka lähetti sotilaitaan etsimään kultaista maljaa. Lopulta sotilaat löysivät sen Devadevin kotoa, nainen sanoi kysyttäessä:

"Vipranarayanan palvelija toi sen minulle."

Kun kuninkaan sotilaat kertoivat tästä kuninkaalle, hän ei osannut päättää mitä tehdä, sillä kukaan ei selvästikään ollut murtanut temppelin lukkoa ja varastanut kultaista maljaa. Miten siis joku, joka väitti olevansa Vipranarayanan palvelija, oli voinut saada sen käsiinsä? Kuningas oli näissä olosuhteissa kuitenkin pakotettu antamaan määräyksen pidättää Vipranarayana ja katkaisemaan hänen kätensä. Noina aikoina kuninkaat olivat Jumalaa pelkääviä ja kulkivat *dharman*[2] polkua. Niinpä Jumala ilmestyi kuninkaalle unessa ja sanoi hänelle:

"Vipranarayana ei ole syyllistynyt kultaisen maljan varkauteen. Minä vein sen Devadevin kotiin!"

Kuningas määräsi nyt Vipranarayanan vapautettavaksi. Pian uutinen siitä, että Jumala oli ilmestynyt kuninkaalle unessa ja

---

[2] *Dharma* tarkoittaa oikeudenmukaisuuden lakia, joka vallitsee maailmankaikkeudessa.

puhunut Vipranarayanan syyttömyydestä, levisi kulovalkean lailla. Kun tieto tästä saavutti Vipranarayanan, hän oli ihmeissään ja häpeissään. 'Oi, miten suuri Jumala onkaan! Hän on mennyt palvojansa tähden jopa koputtamaan prostituoidun ovelle!' Katumus iski häneen nyt syvästi, hän ryntäsi temppeliin ja itki tuskissaan.

"Olen palvonut Sinua Jumalani, mutta luovuin siitä Devadevin, tuon lumoojattaren tähden. En kuunnellut palvelijani varoituksia, enkä muiden tukijoitteni, niin harhaanjohdettu olin. Anna minulle anteeksi!"

Vihdon myös Devadevi ymmärsi oman mielettömyytensä ja vietti lopun elämäänsä antaumuksellisten harjoitusten parissa.

Meidän ei tulisi koskaan ajatella, että itsekuriharjoituksiamme ohjaavat säännöt olisivat tarpeettomia. Ylpeys, huono seura ja maallinen ympäristö ovat koituneet monen henkisen tien kulkijan turmioksi.

11. LUKU

Jumaloivalluksen kaipuu

H enkisen oivalluksen kaipuu on ihmisten ominaisuuksista harvinaisin. Krishna sanoo:
"Tuhansista ihmisistä kenties yksi pyrkii kohti täydellisyyttä ja todellisista etsijöistä kenties yksi tuntee Minun todellisen olemukseni."

– Bhagavad-Gita VII:3

Sankaracharya puolestaan sanoo:

"Kolme asiaa ovat todella harvinaisia ja saavutettavissa vain Jumalan armosta – nimittäin ihmiseksi syntyminen, vapautuksen kaipuu ja täydellisen tietäjän suojeleva huolenpito."

– Vivekachudamani, jae 3

Mumukshuta, vapautuksen kaipuu, tarkoittaa sitä, että haluamme vapauttaa itsemme kaikista kahleista oivaltamalla oman todellisen olemuksemme. Meillä on erilaisia kahleita, aina itsekkyyden synnyttämistä kahleista ruumiimme kahleisiin, ja ne kaikki johtuvat tietämättömyydestä.

Opetuslapsi lähestyi valaistunutta Gurua ja sanoi: "Oi Mestari, joka olet heidän ystävänsä, jotka kumartavat Sinua, oi armon valtameri. Olen hukkumaisillani

125

syntymän ja kuoleman valtamereen, pelasta minut katseesi nektarinkaltaisella armolla."

"Kuinka voin ylittää tämän elämäni ilmiömaailman valtameressä, mikä tulee olemaan kohtaloni ja minkälaisiin apukeinoihin minun tulee turvautua – sillä en tiedä näistä asioista mitään? Pelasta minut armollisesti, oi Herra, ja kuvaile laajasti kuinka tämän suhteellisen elämän synnyttämä kärsimys saadaan päättymään."

Guru vastasi: "Sinä ole siunattu! Olet saavuttanut elämäsi päämäärän ja olet siunannut perheesi sillä, että haluat saavuttaa oivalluksen Brahmanista ja vapautua tietämättömyyden kahleista!"

– Vivekachudamani, jakeet 35, 40, 50

Miten me voimme kehittää itsessämme tällaista kaipuuta? Oleskelu *mahatmojen*, valaistuneitten seurassa sekä heidän elämäntarinoittensa lukeminen ja kuunteleminen, innostaa meitä suuresti tavoittelemaan jumalallista kokemusta, vaikka emme omaisikaan vielä tässä vaiheessa suurta innoitusta pyrkimyksissämme. Meille *sadhakoille*, henkisille oppilaille tärkein osa *mahatman* elämäntarinaa on vaihe, jossa hänessä on kehittynyt *vairagya*, takertumattomuus maallisten asioitten suhteen.

"Tärkein apukeino vapautuksen saavuttamiseksi on *vairagya* (takertumattomuus, intohimottomuus). Muut ominaisuudet, kuten rauhallisuus, itsensä hallitseminen, kärsivällisyys ja toiminnasta luopuminen voivat tulla myöhemmin..."

– Vivekachudamani, jae 69

Mahatmat sanovat, että pääsyy sille, että emme tunne voimakasta kaipuuta henkistä oivallusta kohtaan, on takertuneisuutemme kaikkea katoavaista kohtaan. Toisin sanoen, meidän huomiomme ja energiamme suuntautuvat suurimmaksi osaksi maallisiin asioihin, ja siellä missä sydämemme on, siellä on myös mielemme.

Voimme verrata todellista takertumattomuutta siihen, kun lentokone kiihdyttää kiitotiellä ja saavuttaa valmiuden nousta ilmaan. Tuolla hetkellä lentokone on täysin valmis jättämään maanpinnan taakseen ja kohottautumaan taivaalle. Näin tapahtuu oivaltaessamme maalliseen elämään sisältyvät puutteet ja tuntiessamme kuoleman väistämättömyyden.

Buddha

Lähes kaikki tuntevat Buddhan tarinan. Hän oli 2500 vuotta sitten prinssi maassa, joka tunnetaan tänä päivänä Nepalina. Hän eli nautintojen ja yltäkylläisyyden täyttämää elämää. Sattumalta hän sai tilaisuuden nähdä, minkälaista elämä palatsin ulkopuolella oli ja tämä kokemus suisti hänet raiteiltaan. Hän kohtasi vanhuksia, sairaita ja kuolleita sekä askeetin. Hän ei ollut saanut nähdä tällaisia ihmisiä palatsin sisäpuolella. Ei tietenkään ollut saanut, sillä hänen kuningasisänsä oli pitänyt siitä huolen. Kun Siddhartha – tuon nimen hänen vanhempansa olivat hänelle antaneet – oli syntynyt, astrologi oli sanonut, että hänestä tulisi joko merkittävä *sanjaasi*, askeetti, jolloin hän saattaisi luopua maailmasta tullakseen tietäjäksi. Hänen isänsä, joka oli henkisessä mielessä tietämätön ihminen, ei halunnut että näin tapahtuisi. Hän halusi Siddharthan nousevan valtaistuimelle hänen jälkeensä. Kuningas ajatteli, että jos hänen poikansa saisi aina nauttia elämästä eikä joutuisi ikinä kokemaan kärsimystä, ei omaansa eikä muiden, takertumattomuus ei koskaan heräisi hänessä. Mutta viisas sanonta kuuluu:

"Jumala on määrännyt kaikkien sielujen kohtalon heidän tekemiensä tekojen mukaisesti. Sitä päämäärää jota ei ole määrätty saavutettavaksi, ei kukaan voi koskaan saavuttaa, yrittivätpä he sitten kuinka paljon tahansa. Kaikki se minkä on määrä tapahtua tulee tapahtumaan eräänä päivänä yrittivätpä he mitä hyvänsä estääkseen sen, muuttaakseen kohtalon suunnan. Tämä on varmaa. Ajan myötä oivallamme, että on parasta olla hiljaa."

– Ramana Maharshi

Amma sanoo omaan kokemukseensa pohjautuen, että meidän todellinen olemuksemme on tietoisuus, mutta me olemme nyt sieluina kiinnittyneet – ja samastuneet – ruumiiseemme. Me koemme aistiemme välitykselle maailmakaikkeuden jossa olemme ja olemme unohtaneet lähes täysin sen mitä oikeasti olemme. 'Lähes täysin', sillä koska tietoisuutemme on autuutta, me etsimme lähes vaistonvaraisesti päättymätöntä, katkeamatonta onnea. Mutta ikävä kyllä onneen sekoittuu aina kärsimystä, mikä johtuu siitä, että etsimme onnea vääristä paikoista.

Sekä maalliset kohteet että maailmalliset ajatukset ja tavoitteet pommittavat meitä kaksikymmentäneljä tuntia vuorokaudessa ja seitsemän päivää viikossa. Asuimmepa tänä päivänä sitten missä maassa tahansa, opimme perheeltämme, yhteiskunnalta ja tiedotusvälineiden kautta heti siitä hetkestä lähtien, kun alamme ymmärtää kieltä, että onnellisuus saavutetaan nautintojen avulla. Kukaan ei tunnu puhuvan tai huomaavan kärsimyksen osuutta tässä kaikessa.

Useimmat heräävät maallisen elämän valveunesta vasta niiden kärsimysten jälkeen, joita elämä tarjoaa meille, yleensä tähän tarvitaan useita elämiä, joihin sisältyy sekä nautintoa että kärsimystä. Jossakin vaiheessa *jiva*, yksilösielu alkaa kokea, että nautinto ei tuota enää täyttymystä ja että hän on saanut tarpeekseen kärsimyksestä. Saamme Jumalan armon takia kuulla Itseoivalluksen ilosanomasta, antaumuksen polusta ja oivallamme, että tässä on ratkaisu ahdinkoomme. Tämän takia *satsang*, henkinen seura ja luennot, ovat niin tärkeitä.

Siddhartha sai *satsangin* ministeriltään, joka vei hänet katsomaan maailmaa. Vastauksena Siddharthan kysymyksiin ministeri sanoi, että kauheudet joita tämä sai nähdä, tulisivat aikanaan lankeamaan myös hänen kohdalleen. Siddhartha oli järkyttynyt ja menetti halun kaikkea sitä kohtaan mitä maailmalla oli tarjottavana. Hänellä oli kaunis vaimo, nuori poika ja kaikki mitä nuori mies saattoi haluta, mutta millään ei ollut enää mitään merkitystä sen jälkeen, kun hän oli saanut nähdä elämään väistämättömästi liittyvän kärsimyksen ja ymmärrettyään, että se tulisi myös olemaan hänen osansa. Hän ei lakaissut tuota tosiasiaa maton alle niin kuin useimmat meistä tekevät vaan tunsi, että hänen oli pakko tehdä asialle jotakin. Sen sijaan, että hän olisi sukeltanut nautintojen maailmaan entistä syvemmin hukuttaakseen kärsimyksensä ja pelkonsa.

Pikaisesti tarkastellen hänen yhtäkkinen takertumattomuutensa oli erikoinen ilmiö. Monet ihmiset kohtaavat tuskallisia asioita ja kärsivät paljon elämänsä aikana, mutta eivät he yleensä kyllästy kaikkeen ja käänny sisäänpäin löytääkseen ratkaisun. Heidän riippuvuutensa estävät sen, että tällaista ei pääse tapahtumaan. He, jotka heräävät maallisen elämänsä unesta yhtäkkiä, ovat epäilemättä tehneet henkisiä harjoituksia edellisissä elämissään ja saavuttaneet näin takertumattomuutta. Kun Arjuna kysyy, mitä tapahtuu etsijälle, joka ei ole saavuttanut Itseoivallusta edellisessä elämässään, riittämättömän ponnistelunsa takia, Krishna vastaa sanoen:

"Epäonnistuttuaan joogassa hän viettää monta vuotta hyveellisten maailmassa ja syntyy sitten oikeamieliseen ja vauraaseen perheeseen.

Tai hän saattaa syntyvä valistuneiden joogien perheeseen. Tällainen syntymä on vaikea saavuttaa tässä maailmassa.

Tällöin edellisessä elämässä saavutettu ymmärrys tulee jälleen eläväksi hänessä ja hän yrittää nyt entistä voimallisemmin saavuttaa täydellisyyden, oi Kurujen poika. Harjoittelemalla ja ponnistelemalla monen elämän aikana joogi saavuttaa lopulta korkeimman päämäärän."

– Bhagavad-Gita VI:41-43,45

Tarina Kali-jumalattaren palvojasta

Seuraava mielenkiintoinen tarina havainnollistaa tätä totuutta.

Olipa kerran *sadhu*,[3] joka oli Jumalallisen Äidin palvoja. Hän harjoitti vaativaa *sadhanaa*, jonka aikana hänen tuli istua polttohautausmaalla ruumiin päällä ja toistaa *mantroja* Kali-jumalattarelle sekä suorittaa Kalille omistettu *puja* keskellä yötä. Hän oli hankkinut kaikki tarvikkeet palvontamenoa varten, sitten hän istuutui ruumiin päälle ja ryhtyi harjoittamaan *japaa*, *mantrojen* toistamista, samassa tiikeri tuli metsästä ja söi hänet.

Palvojan avustaja, yksinkertainen, hurskas mies, joka oli auttanut *sadhua* hankkimaan ja järjestämään *puja*-tarvikkeet, oli kiivennyt puuhun kuultuaan ryskettä pensaikosta. Nyt kun *sadhu* oli kuollut ja tiikeri mennyt menojaan, mies oli järkyttynyt tapahtuneesta, mutta hän ajatteli siitä huolimatta, että ei kannattanut tuhlata arvokkaita *puja*-tarvikkeita ja harvinaista mahdollisuutta suorittaa harjoitus ruumiin päällä istuen. Niinpä hän laskeutui puusta ja istuutui ruumiin päälle suorittaakseen harjoituksen loppuun.

---

[3] *Sadhu* on yleensä kiertävää elämää viettävä pyhä mies tai askeetti, joka on omistanut elämänsä vapautuksen tavoittelulle.

Samassa Kali-jumalatar ilmestyi hänen eteensä kaikessa loistossaan ja sanoi:

"Siunaan sinut lapseni saavutuksista korkeimmalla, Jumaloivalluksella."

Mies vastasi hämmästyneenä:

"Äiti, ystäväni joutui ponnistelemaan kovasti kerätessään *puja*-tarvikkeet ja hänellä oli paljon tietoa ja taitoa palvoa Sinua, mutta tiikeri söi hänet. Minä taas, joka en tiedä mitään, istuuduin vain ruumiin päälle ja mietin, että mitä minun pitää tehdä seuraavaksi. Nyt ihmettelen miksi sain Sinun *darshanisi*[4] ja hän joutui kohtaamaan kuoleman?"

Kali vastasi hänelle sanoen:

"Olit edellisessä elämässäsi suuri palvoja ja harjoitit paljon *tapasia*, itsekuriharjoitusta. Olit suorittanut tämän samaisen rituaalin, mutta valitettavasti nälkäinen tiikeri ilmestyi paikalle ja söi sinut, ja sen tähden sait tässä elämässä antaumuksesi palkkiona hedelmän, Jumaloivalluksen. Ystävälläsi sen sijaan oli paljon henkisiä epäpuhtauksia ja niinpä hänen täytyy palata vielä tänne ja työskennellä entistä voimallisemmin."

Myös Siddhartha kohtasi joogin liikkuessaan palatsinsa ulkopuolella. Hänen seuralaisensa kertoi Siddharthalle, että joogi etsi ratkaisua vanhuuden ja kuoleman pelkoon. Siddhartha pohti tätä ja kaikkea mitä hän oli nähnyt palatsin ulkopuolella, hän lähti palatsista ollessaan kolmekymmentävuotias ja vetäytyi metsään, missä hän käytti aikansa *tapasiin*, itsekuriharjoituksiin. Hän oli tullut siihen tulokseen, että ainoastaan Kuolemattomuuden kokemus voisi ratkaista hänen ongelmansa, hänen tyytymättömyytensä. Hän kokeili erilaisia *sadhanoita*, henkisiä harjoituksia, mutta mikään niistä ei lahjoittanut hänelle valaistumista. Hän

---

[4] *Darshan* tarkoittaa sekä pyhimyksen kohtaamista että Jumalan kohtaamista näyssä.

lähes kuoli asketismin takia, kun hän paastosi ja pidättäytyi ravinnosta, lopulta hän tuli siihen tulokseen, että hänen tuli kulkea keskitietä ja antaa ruumilleen sen mitä sen tarvitsi ja jatkaa *sadhanaa*. Lopulta hän istuutui banianpuun alle paikassa, joka tunnetaan tänä päivänä Bodhigayana ja teki vakaan päätöksen: "En nouse tästä ennen kuin saavutan valaistumisen."

Valtaisalla tahdonvoimalla ja yhteen kohteeseen suunnatulla keskittymisellä, jonka hän oli saavuttanut voimallisilla henkisillä harjoituksillaan, hän kykeni sulauttamaan mielensä alkulähteeseensä, yleismaailmalliseen Itseen. Tämä ylivertainen saavutus ei ole mahdollista ilman sitä voimaa, jonka kuoleman läheisyys antaa. Yrittäessämme pujottaa lankaa neulansilmään, jos lanka harittaa vähänkin, emme onnistu pyrkimyksessämme. Samalla tavoin, jos mielessämme on vähänkään muita ajatuksia, kun yritämme sukeltaa sydämeemme, Todellisuuden asuinpaikkaan, epäonnistumme. Meidän täytyy omata täydellinen keskittyneisyys ja se taas on seurausta monen elämän aikana jatkuneista yrityksistä.

Amma sanoo, että jos kohtaamme jonkun, joka omaa vahvan Jumala-kaipuun, hän on varmuudella kehittänyt tuota kaipuuta edellisten elämiensä aikana. Jos joku kehittyy nopeasti *sadhanan*, henkisten harjoitusten seurauksena tässä elämässä, se tarkoittaa, että hän on tehnyt harjoituksia jo edellisissä elämissään. Meidän tulisi innostua heidän esimerkistään ja ponnistella niin paljon kuin mahdollista tähän suuntaan, jotta loistaisimme seuraavassa elämässämme, siinä tapauksessa, että ettemme saavuta Itseoivallusta nykyisessä elämässämme.

Oma ponnistelumme on tärkeää, mutta vielä tärkeämpää on saada osaksemme *mahatman* siunaus ja armo. Siitä saamme todellisen innoituksen ja sitkeyden. Emme kykene saavuttamaan henkistä päämäärää pelkästään omien ponnistustemme avulla.

Kuinka mitätön, tietämätön sielu voisi ylittää oman mielensä, ellei sitten sen Olennon armon avulla, joka on mielen tuolla puolen? *Sadhanan*, henkisten harjoitusten suorittaminen on meidän käsissämme ja se vetää Gurun armon puoleemme. Ponnistelumme itsemme puhdistamiseksi huipentuvat Gurun kaikkivoipaan siunaukseen.

12. LUKU

Jumalallista inkarnaatioista

"Missä tahansa *mahatmat* ovatkin, ihmiset keräänty-
vät heidän ympärilleen. He vetävät puoleensa ihmisiä
samalla tavoin kuin tuulenpyörre imee pölyä. Heidän
hengityksensä ja jopa heidän kehoaan koskettava tuu-
lenvire hyödyttävät maailmaa."

– Amma

Kun kasvi kukkii, mehiläiset tulevat. Kukan ei tarvitse
kutsua niitä luokseen mettä juomaan. Ehkä niiden
hienostunut tuoksu johdattaa mehiläiset kukan luokse.
Samalla tavoin, kun ihmisen puhdas mieli puhkeaa kukkaan
valaistumisen hetkellä, hänen hienosyinen jumalainen tuoksunsa
vetää oppilaita hänen luokseen vaikka ihmiset eivät sitä tiedostai-
sikaan. Väkijoukot seurasivat Kristusta minne hyvänsä hän meni
ja niin tapahtui myös Buddhan kohdalla. Ja nyt saamme nähdä
saman toteutuvan Amman elämässä. On todella hämmästyttävää,
miten Ammasta, joka oli tuntematon kylätyttö, on tullut viimei-
sen kahdenkymmenenviiden vuoden maailmankuulu hengellinen
johtaja ja hyväntekijä.

Näin ei aina ole ollut Amman elämässä eikä niin ilmeises-
ti ole koskaan pyhimysten elämän alkutaipaleella. Kun tulin
ensimmäistä kertaa Amman luokse, paikalle kerääntyi pieni

joukko ihmisiä *bhava-darshaniin*[1] aina sunnuntaisin, tiistaisin ja torstaisin. Muina päivinä tuskin ketään oli paikalla. Kun muutamat meistä asettuivat sinne asumaan, ihmiset alkoivat ymmärtää omien kokemustensa takia, että Amma on henkinen opettaja eikä pelkkä jumalien kanava, niin kuin tuohon aikaan yleisesti uskottiin.

Oppilaat kutsuivat Ammaa aina ajoittain vierailemaan lähellä sijaitseviin temppeleihin ja koteihinsa. Eräänä iltana Amma lähti laulamaan *bhajaneita* Kollamin temppeliin kolmenkymmenenviiden kilometrin päähän *ashramista*. Paikalla ei ollut kuin pari kolme lasta ja heidän äitinsä. Olimme pettyneitä, kun kukaan ei ollut kuullut Ammasta, ja samaan aikaan olimme onnellisia, sillä ajattelimme itsekkäästi, että saisimme pitää hänet kokonaan itsellämme.

Toisen kerran Amma lähti Varkalaan, joka sijaitsee parin tunnin ajomatkan päässä hänen kotikylästään. Amma oleskeli erään palvojan ylläpitämässä pienessä *ashramissa* kaupungin laitamilla. Kuullessaan Amman olevan *ashramissa*, parikymmentä ihmistä tuli kaupungista tapaamaan häntä. Nähdessämme tuon ”valtavan” väkijoukon istuksimassa Amman ympärillä olimme huolissamme siitä, että emme saisi viettää aikaa hänen seurassaan tuona päivänä. Se oli tuohon aikaa suuri väkijoukko. Nähdessään ilmeemme Amma ymmärsi huolemme ja paluumatkalla *ashramiin* hän sanoi meille:

”Tulee päivä, jolloin tarvitsette kiikarit nähdäksenne minut!”

Meitä masensi, sillä emme ymmärtäneet mitä hän tarkoitti. Toivoimme, että hän laski vain leikkiä. Emme osanneet kuvitella,

---

[1] *Bhava-darshan* tarkoittaa Amman halaustilaisuuksia, joiden aikana hän ilmentää Krishnaa ja Deviä, Jumalan maskuliinista ja feminiinistä olemuspuolta. Sittemmin hän lopetti Krishna-*bhavat* ja ilmentää enää Devi-*bhavaa*, Jumalallista Äitiä lännessä vieraillessaan.

että niin monet ihmiset tulisivat tietämään hänestä. Eikä mennyt kauaakaan kun nuo profeetalliset sanat kävivät toteen.

Niihin aikoihin tapanamme oli mennä ja kutsua ihmisiä hänen syntymäpäivilleen. Ja silloinkin ihmisiä kerääntyi enimmillään vain kaksi- tai kolmekymmentä, kyläläisten lisäksi. Kunnes eräänä vuonna paikalle saapui tuhat ja sen jälkeen kaikesta on tullut yhä suurempaa.

Itse asiassa, kun yhä enemmän ihmisiä alkoi saapua, olin masentunut, tietämättömyyteni ja itsekkyyteni takia. Amma ymmärsi mitä mielessäni liikkui, niinpä hän kutsui minut luokseen ja sanoi:

"Jos masennut nähdessäsi yhä useampien oppilaiden tulevan tapaamaan minua, mitä tarkoitusta palvelee se, että jäät tänne? Mitä enemmän ihmisiä tänne tulee, sitä onnellisempi olen, sillä tämä on syntymäni tarkoitus: olla niin monen oppilaan kanssa kuin vain voin ja innostaa niin montaa ihmistä kuin mahdollista. Sen takia matkustan. Minulla ei ole itselleni mitään saavutettavaa, kaikki tapahtuu sen tähden, että ihmiset voisivat kehittyä henkisesti."

Elämän henkäys

Vanhassa Testamentissa, Ensimmäisessä Mooseksen kirjassa, Genesiksessä, on säkeistö, jossa sanotaan:

> "Ja Jumala teki maan tomusta ihmisen ja puhalsi hänen sieraimiinsa elämän hengen, ja niin ihmisestä tuli elävä sielu."
>
> *— 1. Moos. 2:7*

Nykyajan älyllisesti suuntautuneelle ihmiselle tällainen saattaa kuulostaa liioittelulta. Tosiasia kuitenkin on, että ihmiset ovat maan, veden, elinvoiman ja tietoisuuden yhdistelmiä.

On mielenkiintoista panna merkille, että kun Amma siunaa jotakin, hän laittaa siunattavan nenäänsä vasten, keskittyy ja henkäisee siihen. Näin hän tekee myös antaessaan jollekulle *mantravihkimyksen,* [2] hän henkäisee oppilaan korvaan. Tämä saattaa liittyä Amman sanontaan, että jopa *mahatman* hengitys on puhdistavaa. Suorittaessaan vihkimisseremonioita uusissa *Brahmasthanam*-temppeleissä, [3] Amma poimii kukat käteensä, henkäisee niihin ja vasta sitten hän asettaa ne patsaan tai jumalkuvan päälle. Mitä ilmeisimmin *mahatman* hengitys on hyvin, hyvin tehokas jumalallisen voiman ja armon välittäjä.

Pyhimyksen kaikkivoipaisuus

"Lapset, Jeesus ristiinnaulittiin ja Krishna tapettiin nuolella, näin tapahtui vain sen tähden, koska he itse tahtoivat niin. Kukaan ei voi lähestyä heitä ilman heidän lupaansa. He olisivat voineet polttaa vastustajansa tuhkaksi, mutta eivät tehneet niin. He tulivat näyttämään mitä uhraus tarkoittaa."

– Amma

Useimmat meistä tuntevat Jeesus Kristuksen elämäntarinan. Intiassa häntä pidetään *avataarana*, Jumalana, joka on laskeutunut maan päälle ihmisen hahmoon. Uudessa Testamentissa kerrotaan, että sen jälkeen kun hänet oli luovutettu roomalaisille

---

[2] *Mantradiksha* on mantravihkimys, jonka aikana mestari antaa oppilaalle *mantran*, pyhän sanan, jota tämä voi käyttää meditaatioharjoituksissaan ja arkipäivän keskellä toimiessaan.

[3] *Brahmanastamit* ovat temppeleitä, joita Amma on vihkinyt käyttöön eri puolilla Intiaa *ashrameittensa* ja koulujensa yhteydessä. Niissä harjoitetaan *pujaa*, jumalanpalvelusta ja palvojat käyvät niissä osallistumassa henkisiin tilaisuuksiin.

teloitettavaksi, ylimielinen komentaja Pontius Pilatus sanoi Jeesukselle:

"Miksi et puhu minulle? Etkö tiedä, että minulla on valta vapauttaa sinut ja minulla on valta ristiinnaulita sinut?"

Jeesus vastasi:

"Sinulla ei ole minkäänlaista valtaa minuun, ellei sitä ole annettu sinulle ylhäältä."

Toisin sanoen Jeesuksen syntymä, elämä ja jopa kuolema olivat Isän jumalallisen tahdon mukaisia, jonka kanssa Jeesus oli yhtä. Kellään ei olisi ollut valtaa tappaa häntä.

Krishnan elämä

Monikaan meistä ei tiedä paljoakaan Krishnasta, paitsi sen, että hän antoi *Bhagavad-Gitassa* opetuksensa Arjunalle. Krishna oli historiallinen henkilö, joka Intian perimätiedon mukaan syntyi noin viisituhatta vuotta sitten Pohjois-Intiassa. Tuohon aikaan käytiin suuri sota Krishnan sukulaisten välillä – Pandavien, jotka olivat hyviä, ja Kauravien, jotka olivat pahoja ja heidän liittolaistensa välillä, jotka tulivat eri puolilta Intiaa. Sodassa kuoli yli neljä miljoonaa ihmistä kahdeksassatoista päivässä. Sodasta selvisi hengissä ainoastaan kaksitoista soturia.

Gandhari, Kauravien äiti, uskoi Krishnan olevan Jumala, mutta siitä huolimatta hän oli raivoissaan taistelun loputtua ja uhmasi häntä sanoen:

"Sinä olet syypää poikieni kuolemaan. Olisit voinut estää sodan, mutta et tehnyt niin. Sen tähden melkein kaikki Kauravat on tuhottu. Koska minun sukuni on hävitetty, kolmenkymmenenkuuden vuoden kuluttua sinun sukusi on kärsivä saman kohtalon ja minä kiroan sinut niin, että sinä saat kärsiä eläimen kuoleman."

Krishna hymyili lempeintä hymyään ja sanoi:

"Äiti, olet keventänyt taakkaani. Minun sukuni on niin voimakas, ettei heitä voi kukaan maailmassa tuhota paitsi he itse. Olet ratkaissut ongelmani. Ja mitä minun kuolemaani tulee, olkoon niin. Hyväksyn kirouksesi siunauksenasi."

Krishna kumarsi nöyrästi aivan niin kuin Amma kumartaa nöyrästi. Mitä tahansa ihmiset sanovatkaan hänelle, olivat he sitten tyytyväisiä häneen tai solvasivat häntä, hän kumartaa nöyränä, hyväksyen kaiken jumalallisena tahtona.

Krishna palasi sodan jälkeen Dwarakaan, missä hän ja hänen sukunsa Yadavat asuivat. Eräänä päivänä kolmekymmentäkuusi vuotta myöhemmin nuorukaisia leikki kaupungin ulkopuolella olevassa metsikössä. Yleensä nämä hyvin käyttäytyvät pojat päättivät tällä kertaa kiusoitella paikalla olevia tietäjiä. He pukivat yhden pojista tytöksi ja laittoivat tyynyn tämän vaatteiden alle niin, että hän näytti raskaana olevalta tytöltä. Kun he lähestyivät tietäjiä, he kumarsivat heille ja sanoivat:

"Oi tietäjät, te tiedätte kaiken tulevaisuudesta. Kertokaa synnyttääkö tämä raskaana oleva pojan vai tytön?"

Jos kyse olisi ollut Ammasta, hän olisi varmasti vain naurahtanut ja tökännyt tyynyä, mutta tällä kertaa oli niin, että kirouksen oli käytävä toteen. Sen tähden tietäjät suuttuivat ja sanoivat:

"Te epäkunnioittavat pojat, tämä tyttö tulee synnyttämään rautaisen survimen, joka tuhoaa teidän sukunne!"

Kun pojat poistivat tyynyn, he löysivät kauhukseen survimen. Kauhusta lähes järjiltään olevat pojat juoksivat survimen kanssa kuninkaan luokse ja kertoivat hänelle mitä oli tapahtunut. Kuningas ja hovimiehet päättivät murskata survimen ja heittää rautamurskeen mereen. Kukaan ei kertonut Krishnalle mitään, luultavasti koska he pelkäsivät mitä hän tekisi, mutta tietenkin hän tiesi jo tarkalleen mitä tulisi lopulta tapahtumaan.

Kun he olivat murskanneet survimen metallijauheeksi, jäljelle jäi palanen, jota he eivät kyenneet jauhamaan. He menivät valtameren rantaan ja heittivät murskeen mereen. Jauhe huuhtoutui rantaa alaspäin ja päätyi Prabhasan rannikolle, missä se muuttui kovaksi ja teräväksi ruohoksi. Kala nielaisi metallin palasen ja kalastaja puolestaan sai pyydystettyä kalan. Kalasta hän löysi metallin palasen, takoi siitä nuolenpään ja antoi sen metsästäjälle.

Erilaisia huonoja ennusmerkkejä ja kuolemaa ennustavia enteitä alkoi nyt ilmaantua eri puolilla Dwarakaa ja sen yläpuolella. Kaikissa ikivanhoissa kulttuureissa enteiden tiedettä on harjoitettu aina näihin päiviin asti. Lukemattomat ennusmerkit ja niiden merkitykset vaihtelevat kulttuurista toiseen. Ennusmerkit voivat ennustaa hyviä tai huonoja tulevaisuuden tapahtumia. Intiassa enteisiin uskominen on olennainen osa päivittäistä elämää ja niitä seuraa suurin osa väestöstä. Ennusmerkkien tiede on nivoutunut läheisesti astrologian tieteeseen.

Ennusmerkit

Minulla oli kaksi mielenkiintoista kokemusta ennusmerkkeihin ja uskomuksiin liittyen. Ensimmäisen koin asuessani Tiruvannamalaissa 1970-luvulla. Puutarhurini oli todellinen viherpeukalo, kun istutti ja kasvatti kaikenlaisia kasveja. Hän oli ollut viljelijä useita vuosia, mutta vaimonsa kuoltua hän oli jättänyt maatilansa ja muuttanut kaupunkiin. Kun etsin puutarhuria, joku suositteli häntä ja niin hän ryhtyi työskentelemään minulle. Hän rakasti kasveja niin kuin omia lapsiaan ja puutarha kukoisti.

Yksi osa puutarhaa oli omistettu vihanneksille. Koska en tarvinnut suurtakaan osaa tuotannosta, annoimme suurimman osan naapureille. Eräänä päivänä menin puutarhaan katsomaan miten vihannekset kukoistivat. Näin valtavan vahakurpitsan, joka oli kuusikymmentä senttiä pitkä. Ravintoarvonsa lisäksi Intiassa uskotaan, että kurpitsa pitää pahat henget ja pahan silmän loitolla ja sen tähden se ripustetaan juuri rakennettujen talojen edustalle. Kun kumarruin kokeilemaan sen painoa, tunsin kuin minua olisi isketty lujaa kasvoihin ja kaaduin maahan. Makasin siinä jonkin aikaa puolitajuissani, kunnes puutarhuri tuli katsomaan mikä oli hätänä. Hän nosti minut ylös ja sanoi, että tuota vihannesta tuli lähestyä varoen.

Toinen kokemukseni sattui sen jälkeen, kun olin tavannut Amman, tämä tapahtui vuonna 1984. Nuori mies tuli *ashramiin* kysyen, saisiko hän jäädä sinne muutamaksi päiväksi. Hänelle annettiin huone ja hän asettui siihen. Keskustellessaan kanssani hän kertoi olevansa taitava kädestä lukija. Hän otti painokuvan kämmenestäni ja sanoi kertovansa mitä hän näkisi siitä.

Muutamia päiviä myöhemmin istuskelin neljän aikaan aamulla Amman talon kuistilla, kun näin hänen tekevän lähtöä. Kutsuin hänet luokseni ja muistutin häntä kämmenen luennasta. Hän sanoi, että Amma tulisi matkustamaan maailman ympäri ja minä tulisin osaltani levittämään hänen mainettaan. Siihen aikaan vain harvat ihmiset kävivät *ashramissa* eikä meillä ollut varaa siihen, että joku meistä olisi voinut matkustaa Intiasta minnekään. Heti kun hän lopetti puhumisen, gekko-lisko päästi kovan tiktik-äänen. Mies osoitti sitä ja sanoi:

"Kuulitko tuon? Kun gekko päästää tuollaisen äänen sen jälkeen, kun joku on sanonut jotakin, se mitä on sanottu, toteutuu."

Vasta vuosia myöhemmin muistin ja ihmettelin suuresti hänen sanoihinsa sisältynyttä totuutta.

Kun Krishna siis näki monia huonoja ennusmerkkejä, hän sanoi hoviin kokoontuneille ihmisille:

"Meidän ei tule jäädä tänne. Sallikaa naisten ja lasten mennä Sankhoddharaan ja miesten tulee mennä alas rannikkoa, Prabhasaan. Prabhasassa meidän tulee kylpeä ja palvoa jumalia, pyhiä miehiä, lehmiä ja muita pyhiä eläimiä. Tällä tavoin vältämme kaikki vaarat ja varmistamme kaikkien hyvinvoinnin."

Krishna tiesi, että aika kirouksen toteutumiselle oli täyttynyt. Pian sen jälkeen, kun he olivat saapuneet sinne, Yadavat ja kaikki heidän sukulaisensa alkoivat juoda päihdyttävää viiniä. He menettivät arvostelukykynsä, alkoivat riidellä ja lopulta rähinä muuttui kuolemaa kylväväksi tappeluksi. Kun heiltä loppuivat aseet, he ryhtyivät käyttämään ruohoa, jonka rautasurvimen jauhe oli terästänyt. Lopulta kaikki kuolivat, lukuun ottamatta Krishnaa ja hänen veljeänsä Balaramaa. Balarama istui meditaatiossa, vaipui *samadhiin* ja jätti kehonsa. Krishna rentoutui nojaten puuta vasten ja antaen vasemman jalkansa levätä oikean reitensä päällä. Metsästäjä, joka erehtyi luulemaan hänen vaaleanpunaista jalkapohjaansa eläimen suuksi, ampui häntä jalkaan. Metsästäjän nuolenpää oli sama, jonka kalastaja oli hänelle antanut. Kun hän näki Herran haavoittuneen, hän rukoili anteeksiantoa. Krishna sanoi hänelle:

"Älä pelkää. Olet vienyt päätökseen sen, minkä Minä olen jo päättänyt tapahtuvaksi."

Amma sanoo, että kenelläkään ei ole minkäänlaista valtaa *avataaroihin*, jumalallisiin inkarnaatioihin. Kaikki mitä heidän elämässään tapahtuu, tapahtuu heidän tahdostaan. He eivät ole syntyneet avuttomina oman *karmansa* takia, niin kuin me muut. He tulevat tähän maailmaan omasta vapaasta tahdostaan ja lähtevät oman tahtonsa mukaisesti. Heillä ei ole henkilökohtaisia haluja, ainoastaan halu ohjata sielut takaisin tielle, joka johtaa Jumalan luokse.

13. LUKU

Pitkästä unesta herääminen

Intiassa munkkeja kutsutaan *sanjaaseiksi*. Amma sanoo: "*Sanjaasi* on hän, joka on luopunut kaikesta. Hän kestää kaiken ja antaa anteeksi toisten väärät teot ja johtaa heitä rakkaudella oikeaa polkua pitkin. Hän on esimerkillinen uhrautuvaisuudessa. Hän on aina autuaallinen eikä hänen ilonsa ole riippuvainen ulkoisista asioista. Hän oleilee omassa Itsessään."

Sanjaasi on hän, joka on kokenut elämän tarjoaman nautinnon ja kärsimyksen tai sitten hän on tarkkaillut elämää ja eritellyt asioita syvällisesti ja päättänyt sitten etsiä tietoisuudentilaa, joka ylittää molemmat edellä mainitut. Mistä hän tietää, että sellainen vaihtoehto on olemassa? Hän on joko kohdannut *mahatman*, joka on kokenut tuonpuoleisen totuuden tai – mikä vielä todennäköisempää – hän on opiskellut *vedanttisia* kirjoituksia, jotka kuvailevat ja ylistävät Itseoivalluksen jaloa tietoisuudentilaa.

Ennen vanhaan Intiassa tarjoutui nuorille luonnostaan mahdollisuus elää henkistä elämää, sen elämäntavan myötä, joka oli tuolloin vallalla. Lapsi sai opiskella laaja-alaisesti elämän erilaisia maallisia ja henkisiä puolia oppineen Gurun johdolla, sen jälkeen hän meni yleensä naimisiin ja sai kokemusta perhe-elämästä, samaan aikaan kun hän jatkoi henkisiä ja uskonnollisia harjoituksiaan. Lopulta hän lähti metsään puhdistautuakseen perusteellisesti maallisista *vasanoista*[1] ja tottumuksista, jotka olivat kertyneet häneen edeltävän elämänvaiheen aikana. Tuolloin hän etsi oivallusta Itsestä, josta hän oli saanut jo kuulla opiskeltuaan nuorena *vedantaa*.[2]

Maailmasta luopumisen merkitys

'Maailmasta luopumisen' käsite saattaa tuntua monista meistä pelottavalta. Se saattaa synnyttää meissä mielikuvan läheisten ja rakkaiden luota lähtemisestä, ruoan kerjäämisestä ja loputtomasta paikasta toiseen kiertelemisestä valaistumista etsien. Useimmilla meistä ei ole oikeaa käsitystä siitä, mitä luopuminen oikein tarkoittaa. Luopuminen on kuin heräisi pitkästä unesta. Se on niin kuin käärme, joka herättää meidät painajaisesta.

Tarina näet kertoo miehestä, joka meni nukkumaan ja näki epämiellyttävää unta. Unessa hän oli köyhä eikä hänellä ollut muuta mahdollisuutta kuin ryhtyä varastamaan. Näin hänestä siis tuli varas. Ihmiset, jotka näkivät hänen varastavan, ilmiantoivat hänet viranomaisille. Mies pakeni viranomaisia ja meni monien luokse saadakseen apua, päästäkseen piinastaan. Hän meni ystäviensä, perheensä ja lakimiesten luokse. Hän rukoili Jumalaa. Ja hän rukoili eri jumalia ja teki kaiken mahdollisen, mutta mikään ei auttanut. Lopulta poliisi vangitsi hänet ja hänet toimitettiin vankilaan. Mies oli järkyttynyt ja poissa tolaltaan. Kun hän oli vankilassa masennuksen vallassa, valtava käärme luikerteli hänen selliinsä ja puri häntä. Hän heräsi tuskasta huutaen.

---

[1] *Vasanat* on kielteisiä ominaisuuksiamme. *Vasanoiden* kokonaisuus muodostaa meidän *ahamkaramme*, egomme, joka puolestaan peittää meissä alleen *Atmanin*, puhtaan tietoisuuden.

[2] *Vedanta* tarkoittaa kirjaimellisesti 'tiedon loppua', toisin sanoen ylintä tietoa, tietoa kaiken läpäisevästä tietoisuudesta, kaiken yhdistävästä henkisestä todellisuudesta.

Tämän käärmeen nimi on 'maailmasta luopuminen.' Kun tällainen käärme puree meitä, alamme herätä *mayan*, harhan unesta. Se tunne ja syvä usko, että tämä maailma on ainoa todellisuus, että etsimämme onni, rauha ja autuus, nautinto ja ilo löytyvät tästä maailmasta, on kaikki pitkää unta. Ne harvat onnen tunteet, joita tämä maailma tarjoaa meille, eivät koskaan kestä tarpeeksi pitkään. Nuoruus, ilo ja hauskanpito ovat osa elämää. Sairaus on osa elämää. Vanhuus on osa elämää. Kuolema on osa elämää. Meillä kaikilla on ongelmia ja lopulta meistä kaikista tulee vanhoja ja me kuolemme, emme voi välttää sitä.

Kuinka voisimme herätä tästä pitkästä unesta? Haluamme tai emme, lopulta me kehitymme luonnollisesti siihen vaiheeseen, jossa tämä uni ei enää anna meille sitä mitä me olemme halunneet: autuaallista rauhaa. Näin vain tapahtuu, kyse on luonnollisesta kehityksestä.

Sanokaamme, että joku tulee luoksemme ja kysyy:

"Millainen auto sinulla on?"

"Minulla on Ford."

"Kuulehan, vaihdan BMW:ni Fordiisi ilmaiseksi."

Kieltäytyisimmekö tällaisesta tarjouksesta? Jos joku sanoisi meille, että hän antaa meille paremman työn, sanoisimme, että ilman muuta. Jos joku sanoisi, että hän voisi järjestää meille ihanamman ja paremman näköisen poika- tai tyttöystävän," saattaisimme sanoa:

"Mahtavaa!"

Elämässä on erilaisia mahdollisuuksia saada jotakin parempaa tilalle, silloin luovumme vaivattomasti vähempiarvoisesta asiasta ja valitsemme tuon paremman asian. Tämä on luonnollista eikä kenenkään tarvitse vakuuttaa meitä tästä.

Todellinen maailmasta luopuminen tapahtuu samalla tavoin. Ollessamme pyhiinvaelluksella elämä elämän jälkeen – niin kuin kaikki elävät olennot ovat – matkalla takaisin alkulähteeseen, josta kaikki on alkanut, ja lopulta tulee hetki, jolloin haluamme vain kokea oman sisimmän olemuksemme ja oleilla siinä. Olemme pettyneitä kaikkeen, ruohonkorresta korkeimpaan taivaaseen. Kaikki vaikuttaa sisällyksettömältä. Niin kuin Ramana Maharshi ilmaisee tämän:

"Vesi haihtuu merestä ja nousee pilviin, sataa jälleen alas ja juoksee virtoina takaisin mereen, mikään ei voi estää sitä palaamasta alkulähteeseensä. Samalla tavoin sielua, joka on kohonnut Sinusta, ei voi estää yhtymästä Sinuun jälleen, vaikka se käykin läpi monia vedenpyörteitä matkallaan. Lintu, joka nousee maasta ja lentää korkealle taivaalle, ei voi löytää lepopaikkaa ilmasta, niinpä sen täytyy palata jälleen maahan. Samalla tavoin kaikkien täytyy palata sitä tietä takaisin, jota he ovat tulleet ja kun sielut löytävät tiensä takaisin alkulähteeseen, ne palaavat ja sulautuvat Sinuun, oi Arunachala, autuuden valtameri."

– Kahdeksan säettä pyhälle Arunachalalle, säe 8

Kun tämä merkittävä hetki kehityksessämme koittaa, saatamme löytää kirjan, näemme valokuvan tai kuulemme Amman kaltaisesta henkilöstä tai saamme kuulla hänen laulavan CD:llä. Toiset meistä lukevat *Bhagavad-Gitaa*, *Raamattua* tai jotakin muuta pyhää tekstiä ensimmäistä kertaa. Silloin tunnemme ihmetyksen tunteen, aivan kuin heräisimme pitkästä unesta.

"Tämä on todellista, tämä on sitä autuutta, jota olen aina etsinyt, tässä on vastaus kaikkiin epäilyksiini ja tunteisiini!"

Kuinka moni meistä onkaan mennyt Amman luokse, laittanut päänsä hänen olkapäätään vasten tai syliinsä ja saanut kokea autuutta, jollaista emme ole kokeneet, paitsi ehkä joskus pienenä lapsena, pienen lapsen autuutta äidin sylissä, huolettomana, rauhassa ja autuaallisena. Jopa seitsemänkymmentä ja kahdeksankymmentävuotiaat vanhukset saavat kokea tämän, kun he tulevat Amman luokse. He tuntuvat unohtaneen tuon tunteen, vaikka ovatkin saaneet joskus kokea sen, kauan sitten viattomina lapsina. Tällöin meissä onnekkaissa ihmisissä kehittyy luonnollinen halu saada kokea se uudelleen ja uudelleen ja vähitellen menetämme halumme muihin niin sanottuihin onnen lähteisiin.

Prinssi ja joogi

Kerran eräs prinssi meni metsään tapaamaan joogia, *sanjaasia*, kumartui tämän edessä ja heittäytyi maahan niin kuin ihmiset tekevät Intiassa. Kun hän nousi ylös, joogi sanoi:

"Ole hyvä ja istuudu. Miksi heittäydyt eteeni?"

"Olet luopunut paljosta," prinssi vastasi, "Olit aikoinaan kuningas niin kuin isäni. Jätit kaiken ja tulit tänne metsään harjoittamaan askeesia. Meditoit, toistat *mantraasi* ja vietät yksinkertaista elämää, sinulla on vain yhdet vaihtovaatteet ja asut majassa. Olet paljon kehittyneempi kuin minä, olet luopunut kaikesta. Haluan kunnioittaa sinua."

"Jos minä olen suuri maailmasta luopuja," swami vastasi, "minun tulee heittäytyä sinun eteesi, kumartaa sinulle, sillä sinä olet luopunut paljon enemmästä kuin mistä minä voisin ikinä luopua. Kaikki maailman munkit eivät yhdessäkään vastaa sinun harjoittamaasi luopumista."

Prinssi ei ymmärtänyt.

"Mistä oikein puhut? Tuohan on hullua. Mitä tarkoitat?"

"Salli minun esittää sinulle kysymys: ajatellaanpa, että joku omistaa valtavan kokoisen, kauniin palatsin ja kerää kaiken palatsissa olevan pölyn ja heittää sen sitten ulos. Kutsuisitko tätä luopumiseksi?"

"Ei tuo ole luopumista, hänhän on vain hylkäsi hyödyttömän jätteen."

"Ajatellaanpa, että jos hän keräisikin kaiken pölyn ja pitäisi sen itsellään ja luopuisi palatsista? Mitä sanoisit tällaisesta ihmisestä?"

"Hän olisi suuri luopuja, sillä hän on hylännyt arvokkaan asian. Hän on todellinen *sanjaasi.*"

"Siinä tapauksessa sinä olet suuri luopuja," joogi sanoi, "sillä olet hyväksynyt tämän ruumiin, joka on pelkkää pölyä, ja hylännyt todellisen Itsesi, Jumalan sisälläsi. Takerrut pölyyn. Kuka siis olisi luopunut enemmästä kuin sinä? Minä en ole luopunut mistään, istun Jumaltietoisuuden palatsissa. En pidä tätä ruumista, joka on vain kasa tomua, itsenäni. En ole luopunut mistään. Olen vain ottanut vastaan arvokkaamman asian."

Henkisen elämämme seurauksena me löydämme jotakin, joka on kaikkea muuta korkea-arvoisempaa ja tyydyttävämpää. Löydämme kaikkein ylevimmän asian – Jumalan läsnäolon, oman todellisen olemuksemme. Ihmiskunta ei yleensä ole kiinnostunut siitä, mikä on ylevää. Useimmat meistä haluavat joko mielen tai kehon tuottamaa nautintoa, mutta on olemassa toisenlaistakin nautintoa, ylevää ja hienostunutta nautintoa, josta ihmiset saavat nauttia Amman kaltaisen *mahatman,* valaistuneen seurassa, henkisistä kirjoista, meditoinnista, antaumuksellisista lauluista ja muista henkisistä harjoituksista.

Maallisten tottumusten vetovoima

Vanhat asiat menettävät vetovoimansa ja me alamme etsiä uusia, enemmän nautintoa tuottavia asioita, mutta siitä huolimatta vanhojen tottumusten muistot ja niiden synnyttämä kaipuu saattavat säilyä meissä. Diabeetikko tietää, ettei hän saisi syödä sokeria, mutta sokerin syöntiä ei ole kovin helppo lopettaa, se vaatii paljon sisukkuutta ja itsehillintää. Meidän pitää toteuttaa saamamme uusi tieto käytännön elämässämme, meidän tulee käyttää tahdonvoimaamme. Saatamme olla vakuuttuneita henkisistä totuuksista, saatamme pyrkiä saavuttamaan korkeampia kokemuksen tasoja, mutta niin kuin sanonta kuuluu, vanhalle koiralle on vaikeaa opettaa uusia temppuja. Vanha maallinen ajattelumme ja toimintatapamme ei heikkenekään niin helposti, vaan se murentaa pyrkimystämme ponnistella kohti korkeampia tietoisuudentiloja.

Amma puhuu vuotavasta letkusta osoittaakseen, millä tavoin vanhat maalliset tottumuksemme tekevät tyhjiksi yrityksemme ponnistella kohti henkistynyttä mielentilaa. Vedenpaine laskee, koska vesi vuotaa letkussa olevista pienistä rei'istä ulos. Jos asumme talossa, jossa on useita kylpyhuoneita, voimme huomatta suihkussa käydessämme, että vedenpaine laskee, mikä johtuu siitä että toisetkin käyttävät suihkua samanaikaisesti omissa kylpyhuoneissaan. Jos asumme kolmannessa kerroksessa ja muut käyttävät suihkua alemmissa kerroksissa, saattaa olla että meidän suihkustamme tulee vain noronen vettä.

Samaan tapaan käy, jos yritämme kohottaa ajatuksemme ja huomiomme ylevämmille tasoille henkisten harjoitusten avulla ja yritämme pitää tietoisuutemme vatsan yläpuolella olevissa keskuksissa – sydämessä, silmien välissä tai päälaella, missä tuhatterälehtinen lootuskukka, Jumalan istuin, sijaitsee, ja sitten vanhat tottumuksemme vetävätkin huomiomme vatsaan ja sitä alempiin keskuksiin yhä uudelleen ja uudelleen.

Ruumiimme on kuin talo, jossa on yhdeksän porttia, jotka avautuvat ympärillämme olevaan maailmaan. Seitsemän niistä on päässä ja kaksi alhaalla. Näiden kehomme aukkojen kautta, ts. aistielintemme kautta, tietoisuutemme virtaa ulospäin. Näiden aukkojen kautta tapahtuu vuodot letkussa, ne vähentävät tietoisuutemme voimaa, jota tarvitsemme voidaksemme kohottaa mielemme korkeammille kokemuksen tasoille ja lopulta yhteyteen Jumalan, oman alkulähteemme ja todellisen Itsemme kanssa. Meidän tulee kokea tuo autuaallinen valo sellaisena kuin se on, eikä ulkoisia aistikohteita, joita kohden se virtaa kovin helposti. Tätä voisi verrata vastavirtaan uimiseen, jotta voisimme saavuttaa joen alkulähteen. Toinen vaihtoehto on pysytellä ulkopuolisessa nautinnon ja kärsimyksen maailmassa.

Viha on suurin esteemme

Viha on yksi suurimmista esteistämme, kun pyrimme luopumaan maallisista mielentiloista. Amma sanoo, että se ei ehkä vaikuta ongelmalta ollessamme vihaisia, mutta jälkeenpäin ymmärrämme, että viha tekee meidät levottomiksi ja aiheuttavaa sen, että muut alkavat pelätä ja vihata meitä.

On olemassa opettavainen tarina ihmisestä, joka lähes voitti oman vihansa. Hänen nimensä oli Yudhisthira. Hän oli Intian hallitsija tuhansia vuosia sitten ja samalla Krishnan serkku. Kun hän oli vasta poikanen, hän, hänen veljensä ja serkkunsa kävivät yhdessä koulua. Kun he olivat opiskelleet muutaman kuukauden, opettaja päätti pitää heille kokeen. Hän kutsui pojat vuorotellen luokseen ja kysyi:

"Mitä olet oppinut?"

Pojat luettelivat vuorotellen oppiläksyjään. Lopulta hän kutsui Yudhisthiran luokseen ja kysyi:

"Entäpä sinä?"

"Opin aakkoset ja oppikirjani ensimmäisen lauseen," Yudhisthira vastasi.

Opettaja hämmästyi.

"Siinäkö kaikki? Opit vain yhden lauseen? Neljä kuukautta ja opit aakkoset ja yhden ainoan lauseen? Veljesi ja serkkusi ovat oppineet useita kappaleita ja lukuja. Elin siinä uskossa, että sinusta tulisi viisas mies, maan seuraava hallitsija."

"Ehkäpä opin myös toisen lauseen," Yudhisthira vastasi.

Kuultuaan tämän opettaja päätti takoa prinssiin järkeä. Hän otti kepin ja löi tätä jalkoihin ja käsivarsiin. Opettaja kimpaantui ja menetti malttinsa. Tätä jatkui viitisen minuuttia, mutta nuori Yudhisthira seisoi kaiken aikaa autuaallinen ja viaton hymy kasvoillaan. Nähdessään hänen kasvonsa opettajan sydän suli, hän kiukkunsa laantui ja hän lopetti prinssin lyömisen. Hän sanoi:

"Mikset et suuttunut? Olet maan prinssi ja sinulla on valta antaa minulle potkut asemastani. Minä olen vain opettaja. Kun suutuin veljillesi, jotkut heistä jopa löivät minua. Joten miten voit olla niin rento ja onnellinen?"

Silloin opettajan katse osui Yudhisthiran pöydällä olevaan oppikirjaan, jonka ensimmäinen lause kuului: 'Älä suutu koskaan, äläkä menetä malttiasi.' Hän ei ollut huomannut sitä aiemmin. Hän ymmärsi nyt, että poika ei ollut ainoastaan opetellut ulkoa tuota lausetta vaan hän oli sisäistänyt sen merkityksen, kun taas opettaja ei ollut oppinut mitään, vaikka oli opettanut monta vuotta. Hän syleili poikaa ja sanoi olevansa pahoillaan.

"En ole oppinut mitään. Olen kuuluisa professori, olen lukenut satoja kirjoja, mutta en ole sisäistänyt mitään, kun taas sinä olet sisäistänyt ensimmäisen opetuksen kokonaan."

"Kertoakseni totuuden," poika sanoi, "lyödessänne minua tunsin hieman suuttumusta."

"Siinä tapauksessa se tarkoittaa, että opit myös toisen lauseen," opettaja sanoi.

Ja mikä olikaan kirjan toinen lause? 'Puhu aina totta'.

Tällaista on todellinen sisäistäminen ja tiedon muuttaminen todeksi. Tällä tavoin meidän tulee sisäistää opetukset ja tässä määrin meidän tulee voittaa viha itsessämme. Pystymmekö kuvittelemaan voivamme olla niin vapaita vihasta, että voisimme kestää noin perusteettoman kepityksen? Kun joku loukkaa meitä, kohtelee meitä epäoikeudenmukaisesti tai häiritsee rauhaamme, me yleensä suutumme. Toisinaan saatamme mennä niin pois tolaltamme, että uhkaamme vahingoittaa tai jopa tappaa toisen. Tunnemme kaikki rattiraivon kun ajamme autoa, kärsimättömyyden ja raivon malliesimerkin. Tällä tavoin sodat syttyvät kahden ihmisen, kahden uskonnon ja kahden valtion välillä.

Itsekkyys, toinen 'vuoto'

Itsekkyys on toinen 'vuoto', joka pitää meidät maan pinnalla, estäen meitä nousemasta henkisiin korkeuksiin. Yritämme oivaltaa todellisen olemuksemme, Itsen, joka on ikuinen, kuolematon tietoisuus, jota kutsutaan sieluksi länsimaisessa filosofiassa. Sielu ei ole jotakin, joka meillä on tai joka on kehossamme. Me *olemme* kuolematon sielu, joka samastuu erheellisesti katoavaiseen ruumiiseen. Itsekkyys pitää meitä *mayan* unessa, yleismaailmallisen illuusion voiman alaisuudessa, suunnaten mielemme ulospäin Itsestä, joka on todellinen olemuksemme.

Kaikki me olemme tavanneet itsekkäitä ja jopa sadistisia ja ilkeitä ihmisiä. Saatamme jopa olla sellaisia ihmisiä.

Kerran eräs julma mies nautti voidessaan aiheuttaa työntekijöilleen kärsimystä. Hän oli kuin pahamaineinen saituri Scrooge. Hän palkkasi henkilön kokikseen ja halusi tämän elävän oman ateriansa tähteillä. Kokki ei saisi syödä samantasoista ruokaa kuin hän. Ensimmäisenä iltana kokki valmisti herkullisen aterian ja kun isäntä näki sen, hän ajatteli, ettei anna kokin saada siitä mitään, hänestä tulisi muuten hemmoteltu. Hän päätti syödä kaiken itse.

Hän sanoi kokille:

"En ole nälkäinen juuri nyt. Syökäämme vasta aamulla."

Hän ajatteli, että jos hän odottaisi aamuun, hän olisi niin nälkäinen, että jaksaisi syödä koko aterian eikä kokki saisi mitään. Hän sanoi:

"Tehdäänpä niin, että se kumpi meistä näkee paremman unen yön aikana saa kaiken ruoan aamulla."

"Tehdään niin," kokki vastasi.

Työnantaja luuli kokin olevan vain tietämätön maalainen. Sellainen yksinkertainen mies ei voisi nähdä upeaa unta. Kilpailu tulisi olemaan helppo nakki (tarkoituksellinen sanaleikki).

Seuraavana aamuna mies meni keittiöön ja oli valmis ahmimaan ruoan, samassa kokki tuli keittiöön.

"Millainen oli unesi?" mies kysyi.

"Isäntä, kertokaa te ensin oma unenne."

"Näin unta, että olin maailman keisari. Amerikan presidentti, Englannin pääministeri, Espanjan kuningas ja kuningatar, kaikki tulivat tapaamaan minua ja kumarsivat minulle. Jopa jumalat olivat rivissä taivaalla nähdäkseen vilahduksen minusta. Tietäjät ja pyhimykset seisoivat vasemmalla ja oikealla puolellani ja kaikki ylistivät minua."

Kuullessaan tämän palvelija alkoi vapista.

"Minkälainen oli sinun unesi?" mies kysyi.

"Oi isäntä, en nähnyt lainkaan tuollaista unta."

"Niinkö?" isäntä hykerteli mielessään ja ajatteli, että hän saisi kaiken ruoan. "Kerropa minkälainen unesi oli."

"Näin aivan kamalaa unta, kauhistuttavaa painajaista," kokki sanoi. "Kauhea hirviö ajoi minua takaa, se sai minusta otteen ja oli aikeissa tappaa minut."

Isäntää hymyilytti.

"Niinkö? Mitä sitten tapahtui?"

"Hirviö sanoi, että hän tappaa minut, ellen syö kaikkea ruokaa keittiöstä!"

"Joten mitä teit?"

"Mitä muuta saatoin tehdä kuin nousta ylös, mennä keittiöön ja syödä kaiken."

"Mikset kutsunut minua?" isäntä parahti.

"Isäntä hyvä, yritin kutsua teitä, mutta pelästyin nähdessäni teidät istumassa hovin keskellä kaikki tärkeät ihmiset ympärillänne. Pelkäsin heidän kysyvän minulta, 'Kuka sinä olet?' ja jopa tappavan minut, joten menin keittiöön ja söin ruoan."

Vaikka emme oivaltaisi sitä niin kielteiset tekomme, ajatuksemme ja puheemme estävät pyrkimyksemme kehittyä henkisesti. Ne ovat 'vuotoja', joiden kautta *sadhanamme* voima katoaa. Teemme kielteisiä tekoja ja odotamme hyötyvämme niistä jollakin tavoin, mutta tosiasiassa ne kostautuvat meille lopulta. Jos ne eivät muuta aiheuta, niin ainakin sen että ne voimistavat elämän ja kuoleman untamme ja tekevät heräämisemme vaikeammaksi. Joskus meistä voi tuntua, että emme ponnisteluistamme huolimatta kehity paljoakaan. Meistä saattaa tuntua, että Jumala tai Gurumme ei anna meille armoaan. Meidän tulisi sen sijaan tarkastella mieltämme ja tekojamme tarkkaavaisesti nähdäksemme, olemmeko virittäytyneet Gurumme viitoittamalle polulle vai teemmekö vain asioita, joita itse haluamme. Todellinen maailmasta luopuminen on sitä, että vastustamme omien kielteisten *vasanoidemme*, ominaisuuksiemme vetovoimaa ja kehitämme niiden sijaan myönteisiä ominaisuuksia. Pelkkä kotimme ja perheemme jättäminen ei riitä, sillä menimmepä minne hyvänsä, mieli seuraa mukanamme. Joidenkin meistä on helpompaa harjoittaa ruumiin ja mielen peruspuhdistamista kotonamme.

14. LUKU

Oppilaan kokemus
Gurun armosta

On sanottu, että joillekin onnekkaille sieluille annetaan kokemus Jumalasta tai armon ilmentymisestä jo heidän henkisen elämänsä alkuvaiheessa. Tämä kokemus kestää harvoin kovin pitkään eikä yleensä toistu, mutta kokemuksen voimakkuus palvelee elämänmittaisena innostuksen lähteenä ja muistutuksena, joka motivoi heitä ja antaa heille voimaa pyrkiä kohti Jumaloivalluksen päämäärää.

Olen keskustellut kolmenkymmenenviiden vuoden aikana lukemattomien oppilaitten kanssa siitä, miten he ovat kokeneet Amman armon. Nämä kokemukset ovat yhtä erilaisia kuin oppilaatkin. Vaikuttaa siltä, että se minkä menneinä aikoina vain harvat saivat kokea, on annettu jalomielisesti Amman välityksellä miljoonille. Voidaan jopa sanoa, että yksi Amman elämän päätarkoituksista on herättää niin monta sielua kuin mahdollista hänen jumalallisen kosketuksensa ja syleilynsä avulla. Se jättää syvän, elämää muuttavan jäljen meihin, jotka olemme saaneet sen kokea.

Kaukaisessa tai vähemmän kaukaisessa menneisyydessä eli kaksi merkittävää opetuslasta, jotka saivat kokea Gurunsa armon. Meidän onneksemme heidän kokemuksensa on kirjattu ylös jälkipolville. Yksi heistä oli muinainen tietäjä Narada Maharshi, jonka elämäntarina kerrotaan *Srimad Bhagavata Puranassa*. Meidän olisi hyvä lukea tarkkaavaisin mielin tämä kertomus, sillä se sisältää useita innoittavia näkökohtia vilpittömille oppilaille. Toinen on kertomus venäläisestä 1800-luvulla eläneestä Jumalan palvojasta, jonka mestari oli merkittävä venäläinen pyhimys Seraphim. Hänen kertomuksensa on todennäköisesti ainutlaatuinen niiden muistelmien joukossa, jotka kertovat opetuslasten Jumalkokemuksista, joita he ovat saaneet mestarinsa välityksellä.

Kauan sitten elänyt Narada Marashi oli harvinainen opetuslapsi. Hänen äitinsä työskenteli palvelustyttönä *vedisten brahmiinien*[3] yhteisössä. Sadekauden aikaan monet joogit yöpyivät siellä, mikä oli osa tuon paikan perinnettä. Viisivuotias Narada tapasi auttaa äitiään joogien palvelemisessa ja kuunnellen samalla heidän valaisevia keskustelujaan. Hän tapasi syödä heidän pyhät ruoantähteensä, mikä johti siihen, että hänen nuori ja viaton mielensä puhdistui. Kun tietäjät tekivät lähtöä sadekauden lopulla, he ilmaisivat tyytyväisyytensä häneen ja antoivat hänelle ikään ja luonteenlaatuun soveltuvia henkisiä opetuksia. Tämän johdosta hänen mielessään alkoi itää takertumattomuuden siemen maallista elämää kohtaan.

Odottamatta Naradan äiti kuoli käärmeen puremaan ja poika jäi yksin. Sen sijaan, että hän olisi huolestunut tämän takia, hän tunsi että kyse oli Jumalan siunauksesta, joka oli vapauttanut hänet kaikesta kiintymisestä ja riippuvuussuhteista. Niinpä hän lähti vaeltamaan ja kulki monien paikkakuntien lävitse. Kun hän oli kävellyt pitkään, hän tunsi itsensä uupuneeksi, jolloin hän pysähtyi tiheään metsään ja virkistäytyi sen lävitse virtaavassa joessa. Sitten hän istuutui puun alle ja ryhtyi mietiskelemään Jumalaa sydämessään, niin kuin joogit olivat kehottaneet häntä tekemään.

---

[3] *Vediset brahmiinit*, viittaa brahmiinikastin, pappiskastin jäseniin, jotka opiskelevat pyhiä Veda-kirjoja.

Vähitellen Jumala alkoi näyttäytyä hänelle. Hän täyttyi antaumuksesta ja kaipuusta, ja lopulta hänen mielensä suli *samadhiin.* Odottamatta tuo kokemus kuitenkin päättyi ja hän yritti saavuttaa saman tilan uudestaan, mutta ei onnistunut siinä. Levottomassa ja onnettomassa mielentilassa hän kuuli lopulta Jumalan äänen:

"Oi Narada, valitan, mutta et voi nähdä Minua uudelleen tämän elämän aikana. Joogit, jotka eivät ole täysin vapaita sydämensä intohimoista, eivät voi nähdä Minua. Minun hahmoni paljastettiin sinulle vain kerran, jotta kaipuusi Minua kohtaan kasvaisi, sillä mitä enemmän kaipaat minua, sitä paremmin vapaudut haluistasi."

Meidän ei tarvitse katsoa menneisyyteen asti löytääksemme opetuslapsia, joita Jumala tai heidän Gurunsa on siunannut innostavilla kokemuksilla. Toisinaan meidän on helpompi ymmärtää sellaisten opetuslasten kokemuksia ja elämää, jotka ovat eläneet lähempänä omaa aikaamme. Yksi tällainen oli Nicholas Motovilov, 1800-luvulla eläneen valaistuneen pyhimyksen Seraphimin opetuslapsi. Hän sai mestarinsa armosta kokemuksen, jonka hän kirjoitti muistiin ihmiskunnan hyödyksi heti tapahtuman jälkeen. Nicholas painosti Seraphimia kerta toisensa jälkeen, ei vain selittämään Jumalan armon luonnetta, vaan myös antamaan hänelle kokemuksen siitä. Näin hän itse kirjoittaa:

Sitten Isä Seraphim otti lujasti kiinni olkapäistäni.

"Olemme molemmat Jumalan läheisyydessä juuri nyt, poikani," hän sanoi. "Mikset katso minua?"

Vastasin:

"En voi katsoa, Isä, koska silmäsi leiskuvat salamoiden lailla. Kasvosi ovat muuttuneet kirkkaammiksi kuin aurinko, silmiini sattuu kivusta."

Isä Seraphim hymyili.

"Älä hätäänny, poikani! Nyt sinustakin on tullut yhtä kirkas kuin minusta. Olet nyt itse Jumalan läheisyyden täyteydessä, muuten et voisi nähdä minua sellaisena kuin olen."

Sitten hän taivutti päätään minua kohti ja kuiskasi pehmeästi korvaani:

"Kiitä Jumalaa Hänen sanomattomasta laupeudestaan meitä kohtaan. Rukoilin sydämessäni Häntä ja sanoin sisimmässäni, 'Herra, anna hänen nähdä selkeästi ruumiillisilla silmillään Sinun armosi laskeutuminen, jonka Sinä annat palvelijoillesi halutessasi ilmestyä suurenmoisen loistosi valossa. Ja kuten näet, poikani, Herra toteutti Seraphim-paran rukouksen viipymättä. Miksi emme sitten kiittäisi Häntä tästä sanoinkuvaamattomasta lahjasta, jonka hän antanut meille? Herra ei näytä laupeuttaan tällä tavoin aina edes suurimmille erakoille, poikani. Tällä Jumalan armolla, Hän on halunnut lohduttaa sinua niin kuin rakastava äiti, mutta miksi, poikani, et katso minua silmiin? Katso vain, äläkä pelkää! Herra on kanssamme!"

Näiden sanojen jälkeen katsoin hänen kasvojaan ja silloin minut valtasi vieläkin suurempi kunnioittava hämmästys. Kuvittele auringon keskelle, keskipäivän säteilevään valoon miehen kasvot, jotka puhuvat sinulle. Näet hänen huuliensa liikkeen ja silmiensä vaihtuvat ilmeet, kuulet hänen äänensä, tunnet jonkun pitelevän sinua olkapäistä, silti et näe hänen käsiään, et näe omaa tai hänen hahmoaan, vaan ainoastaan sokaisevan valon, joka leviää kauas, metrien päähän ja valaisee häikäisevällä loisteellaan lumipeitteen, joka peittää metsäaukion ja lumihiutaleet, jotka ovat sataneet minun sekä

kunnioitetun Vanhimman päälle. Voit kuvitella missä
tilassa olin!

"Miltä sinusta nyt tuntuu?" Isä Seraphim kysyi
minulta.

"Tavattoman hyvältä."

"Mutta millä tavalla? Millä tavalla sinusta tuntuu
hyvältä?"

"Tunnen sielussani sellaisen tyyneyden ja rauhan,
ettei sitä voi mitkään sanat kuvailla."

"Tämä," Isä Seraphim sanoi, "on se rauha, josta
Herra sanoi opetuslapsilleen: 'Minä annan rauhani
teille, enkä anna sitä mitä maailma antaa'. Niille, jotka
ovat Herran valitsemia, Herra antaa sen rauhan, jonka
tunnet nyt sisälläsi, rauhan, joka ylittää kaiken ymmär-
ryksen. On mahdotonta ilmaista sanoin sitä henkistä
hyvinvointia, jonka se tuottaa heissä, joiden sydämeen
Herra on sen valanut. Se on rauha, joka tulee Hänen
omasta anteliaisuudestaan ja se ei ole tästä maailmasta,
sillä mikään väliaikainen maallinen menestys ei voi
lahjoittaa sitä ihmissydämelle. Se annetaan korkealta
Jumalan itsensä toimesta ja siksi sitä kutsutaan Juma-
lan rauhaksi. Mitä muuta tunnet?" Isä Seraphim kysyi
minulta.

"Tavatonta suloisuutta."

Hän sanoi:

"Nyt tämä suloisuus tulvii sydämeemme ja virtaa
suonissamme tuottaen sanomatonta iloa. Tästä suloi-
suudesta sydämemme sulavat, niin sanotusti, ja me
täytymme sellaisella onnella, ettei kieli kykene siitä
kertomaan. Mitä muuta tunnet?"

"Tavattoman ilon koko sydämessäni."

Isä Seraphim jatkoi sanoen:

"Kun Jumalan läsnäolo laskeutuu ihmiseen ja täyttää hänet innoituksensa täyteydellä, silloin ihmissielu tulvii sanoinkuvaamatonta iloa, sillä Jumalan armo täyttää kaiken sen ilolla mitä Hän koskettaa. Mitä muuta tunnet?"

"Tavatonta lämpöä."

"Kuinka voit tuntea lämpöä, poikani? Katso, istumme metsässä. On talvi ja jalkojemme alla on lunta. Päällämme on useita senttejä lunta ja lumihiutaleet leijailevat edelleenkin. Mitä lämpöä täällä voi olla?"

"Sellaista kuin kylpylässä, kun vettä kaadetaan kivelle ja höyry nousee pilvinä."

"Ja tuoksu?" hän kysyi. "Onko sekin samanlaista kuin kylpylässä?"

"Ei," vastasin. "Maailmassa ei ole tällaista tuoksua. Kun rakkaan äitini elinaikana pidin tanssimisesta ja kävin tansseissa ja juhlissa, äidilläni oli tapana pirskotella päälleni hajuvettä, jonka hän oli ostanut parhaista kaupoista, mutta ne hajuvedet eivät tuottaneet tällaista tuoksua."

Isä Seraphim hymyili kauniisti:

"Tunnen sen itse yhtä hyvin kuin sinäkin, poikani, mutta kysyn sinulta selvittääkseni tunnetko sinä sen samalla tavoin. Se on ehdottomasti totta. Suloisintakaan maallista tuoksua ei voi verrata tuoksuun, jonka nyt haistamme, sillä olemme nyt Jumalan Pyhän läsnäolon tuoksun ympäröimiä. Mikä maailmassa voisi olla samankaltaista? Olet kertonut minulle, että ympärillämme on yhtä lämmintä kuin kylpylässä, mutta katso, lumi ei sula sinun eikä minun päältäni, eikä jalkojemme alta. Niinpä tämä lämpö ei ole ilmassa vaan meissä. Tämä on sitä lämpöä, joka saa meidät itkemään Herran perään: 'Lämmitä minua Pyhän läsnäolosi lämmöllä!'

Sen avulla erakot pysyttelivät lämpiminä eivätkä pelänneet talven pakkasta, sillä heidät oli puettu armon antamiin turkkeihin, Pyhän Hengen kutomiin vaatteisiin. Ja niin tämän täytyy olla tosiasia, että Jumalan armo asustaa sisällämme, meidän sydämessämme, koska Herra sanoi: 'Jumalan valtakunta on nyt sisällänne'. Jumalan valtakunnalla Herra tarkoitti Pyhän läsnäolon armoa.

Jumalan valtakunta on nyt sisällämme ja tuo armo loistaa päällemme ja lämmittää meitä myös ulkopuolelta. Se täyttää ympäröivän ilman monilla hyväntuoksuisilla hajuilla, sulostuttaa aistimme taivaallisella mielihyvällä ja täyttää sydämemme sanomattomalla ilolla. Tämänhetkinen tilamme on se, mistä on sanottu: 'Jumalan valtakunta ei ole syömistä ja juomista, vaan vanhurskautta ja rauhaa ja iloa Pyhässä läsnäolossa'. Uskomme ei koostu maallisen viisauden vakuuttavan tuntuisista sanoista, vaan armon ja voiman osoituksesta. Se on se tila, jossa olemme nyt. Katso, poikani, minkä sanoinkuvaamattoman ilon Herra on meille suonut! Tätä tarkoittaa olla Pyhän läsnäolon täyteydessä. Tällä armonsa täyteydellä Herra on nyt täyttänyt meidät ihmisparat ylitse vuotavan täysinäisiksi. Joten ei ole tarvetta kysyä, millä tavoin ihmiset tulevat olemaan Jumalan armossa."

15. LUKU

Henkiset harjoitukset ja kyyneleet

Epäröin aluksi kirjoittaa tätä lukua. Tiedän miltä minusta toisinaan tuntuu, kun ihmiset kertovat minulle perusteellisesti terveyshuolistaan, niinpä vältän kertomasta muille omistani. Ihmettelen miten Amma kykenee istumaan tuntikausia kuunnellen ongelmista ja jälleen ongelmista. Mutta vuosien mittaan useat oppilaat ovat kysyneet minulta, miten kykenen harjoittamaan *sadhanaa*, henkisiä harjoituksia terveysongelmistani huolimatta. Koska useimmat meistä joutuvat kohtaamaan tämän haasteen ennemmin tai myöhemmin, tämä luku saattaa olla hyödyllinen muille oppilaille ja *sadhakoille*. Niinpä pyydän, että olisitte nyt kärsivällisiä kanssani. Ja he, joita tämä ei kiinnosta, olkaa hyvä ja sulkekaa kirja tässä vaiheessa, onhan tämä kirjan viimeinen luku.

Niin kauan kuin elin Yhdysvalloissa minulla ei ollut sairauksia, lukuun ottamatta lapsuuteen kuuluvia tavanomaisia sairauksia. Mutta sinä päivänä kun astuin kahdeksantoistavuotiaana laivaan matkatakseni Intiaan, vaikeudet alkoivat. Olin päättänyt matkustaa rahtilaivaksi muutetulla entisellä risteilijällä, koska matka oli siten halpa ja matkanteko kiireetöntä. Meiltä vei kuukauden saavuttaa Japani matkallamme Intiaan. Ensimmäisestä päivästä lähtien aloin kärsiä vakavista ruoansulatusongelmista. En käynyt vessassa kymmeneen päivään ja sitten minun oli juostava sinne, missä sitten satuinkin olemaan. Minulla ei ollut aavistustakaan siitä, miksi näin tapahtui. Ajattelin, että ehkä se

165

johtui laivan vedestä tai ravinnosta, mutta kenelläkään muulla ei näyttänyt olevan samanlaisia vaivoja, ei ainakaan heillä, joihin olin tutustunut.

Sama jatkui kahden ensimmäisen vuoden ajan Intiassa. Se oli valmistautumista tulevaan. Laivalla ollessani tapasin herätä neljältä aamulla, kävin suihkussa ja menin kannelle. Aavan meren puhdas ilmapiiri ja yksinäisyys antoivat minulle voimia. Istuin siellä meditoimassa ja joogaamassa, aina henkeäsalpaavaan auringonnousuun asti.

Kun saavuin Tiruvannamalaihin ja asetuin asumaan *ashramiin*, pienen huoneeni yhteydessä ei ollut kylpyhuonetta, niinpä jouduin juoksemaan sekä päivällä että yöllä pihan poikki yleiseen vessaan. Minusta alkoi tuntua, että kaikki ei ollut kunnossa, että minun pitäisi tehdä asialle jotakin. Ei se oikeastaan häirinnyt päivieni ohjelmaa, mutta aloin olla huolissani. Menin tapaamaan homeopaattista lääkäriä, joka antoi minulle pillereitä ja pyysi minua tulemaan takaisin kuukauden kuluttua. Tässä vaiheessa ongelmat todella alkoivat. Heti kun aloin ottamaan lääkkeitä, minut valtasi väsymys. Pystyin hädin tuskin nousemaan aamuisin sängystä ja kävelemään lyhyttäkään matkaa. Eikä alkuperäinen ongelma, jonka vuoksi olin alkanut syömään lääkkeitä, osoittanut minkäänlaisia parantumisen merkkejä. Menin jälleen tapaamaan lääkäriä, mutta hän oli lähtenyt kaupungista matkoille. Hänen poikansa kertoi, että kaikki hänen isänsä potilaat valittivat väsymystä ottaessaan heidän lääkkeitään. Päätin lopettaa lääkkeiden syömisen, mutta väsymys ei kadonnut. Itse asiassa väsymys ei ole poistunut tähän päivään mennessä. Yritin kaikenlaista, kuten vitamiineja ja ravitsevaa ruokaa, mutta minkäänlaista muutosta ei ollut havaittavissa. Ryhdyin kokeilemaan länsimaista lääketiedettä, ayurvedistä lääketiedettä, luonnonmukaisia parannuskeinoja ja unanin lääketiedettä, [1] mutta turhaan.

Siihen asti kun väsymys alkoi, omasin tavanomaisen amerikkalaisen, omapäisen, ylimielisen ja tottelemattoman teinipojan mielenlaadun. Kun isäni kuoli ollessani kahdentoista ikäinen, kukaan ei ollut asettamassa minulle rajoja noina kehitykseni kannalta tärkeinä vuosina, sillä ei äidilläni ollut sydäntä kurittaa minua. Sen tähden minusta tuli sellainen kuin tuli. Outoa kyllä, jatkuva nuorekkaan ylimielisyyden tunne muuntui minussa ensin avuttomuuden tunteeksi ja sitten nöyryydeksi. Tämä puolestaan muuttui sisäisen rauhan kokemukseksi. Tämä kaikki tapahtui melko nopeasti. Se oli alkua elämänmittaiselle harjoitukselleni antautua kärsimykselle ja hyväksyä kakki Gurun siunauksena. On selvää, ettei tällainen tunnetila voinut olla pelkästään *sadhanan*, henkisten harjoitusten synnyttämää. Sitä paitsi kuvittelin virheellisesti, että henkiset harjoitukset johtaisivat voimalliseen mielentilaan, joka olisi tavallisen ihmisen mielentilan tuolla puolen. En ymmärtänyt, että todellisessa henkisyydessä oli kyse egon katoamisesta, joka johtaisi egottoman tietoisuudentilan avaruuteen. Vaikka olin lukenut siitä, ymmärrys siitä ei ollut laskeutunut minuun, ja ylimielisyydessäni ja lapsellisuudessani tulkitsin tilanteen väärin.

Olin päättänyt jatkaa palvelutyötäni henkiselle opettajalleni, oli se sitten kuinka vaikeaa tahansa. Harjoitin myös päivittäin *pujaa*, jumalanpalvelusta ja opiskelin pyhiä kirjoituksia. Kaikki tuntui raskaalta, mutta olin päättänyt yrittää puskea läpi siinä uskossa, että kaikki vaikeudet tulivat Jumalalta, jotta mieleni puhdistuisi ja minusta tulisi henkisesti vahva. Päätin lopettaa joogan harjoittamiseen, sillä se kulutti vain voimiani.

---

[1] Unanin lääketiede on persialais-arabialainen perinteinen lääketiede, jota harjoitetaan joissakin osin Intiaa.

Vuosien kuluessa minulle kehittyi alaselkäkipuja, toistuvia migreenin kaltaisia päänsärkykohtauksia ja vatsakipuja. Kun opettajani kuoli 1976, olin suurimman osan aikaa vuodepotilaana. Minun täytyi kontata keittiöön noutaakseni hieman leipää ja maitoa ravinnokseni, sillä ne olivat ainoat ruoka-aineet, jotka eivät pahentaneet vatsakipujani. Yritin kaikesta huolimatta säilyttää antautumisen asenteeni. Huomatessaan, että en tullut lainkaan talostani ulos, naapurini tuli eräänä päivänä tapaamaan minua ja saadessaan tietää avuttomasta tilastani hän tarjoutui pyytämään vaimoaan valmistamaan minulle lounasta päivittäin. Tunsin Gurun lähettäneen hänet avukseni hädän hetkellä, muuten olisin saattanut kuolla nälkään.

Tuossa vaiheessa sain tilaisuuden matkustaa Mumbaihin tapaamaan Nisargadatta Maharajita, Itseoivalluksen saavuttanutta tietäjää, joka asui tuossa kaupungissa. Eräs oppilas auttoi minua suoriutumaan matkasta. Tavattuani Maharajin kerroin hänelle terveysongelmistani. Hän sanoi:

"Pystyt tuskin istumaan, eikö totta? Ei se haittaa. Joidenkin ihmisten ruumis sairastuu, kun he meditoivat ja tekevät vilpittömästi henkisiä harjoituksia. Se riippuu kunkin ruumiillisista ominaisuuksista. Sinun ei tule luopua harjoituksistasi, vaan jatkaa sitkeästi kunnes saavutat päämäärän tai kunnes ruumiisi kuolee."

Muistin mitä Ramana Maharshi oli sanonut *sadhanan* aiheuttamista sairauksista. Hän oli kerran selittänyt oppilaalle, että elinvoima virtaa useimpien ihmisten kohdalla aistien kautta ulospäin, henkinen etsijä taas pyrkii kääntämään sen kulkusuunnan takaisin sisälleen ja saamaan sen sulautumaan sisällä olevaan lähteeseen. Tämä aiheuttaa kuormitusta hermostolle, samaan tapaan kuin jos patoaisi joen. Tuo kuormitus saattaa ilmetä monin eri tavoin, kuten päänsärkynä, ruumiillisina kipuina, ruoansulatusongelmina, sydänvaivoina ja muina oireina. Ainoa parannuskeino on jatkaa harjoituksia.

Hän myös selitti millä tavoin Itse samastuu ruumiiseen ja irrottautuu siitä oivaltaaksen oman todellisen olemuksensa:

"On olemassa 'solmu', joka liittää Itsen ja ruumiin yhteen. Ruumis on ainetta, Itse on tietoisuutta. Tämä sidos aiheuttaa sen, että kehotietoisuus ilmenee meissä. Aivan niin kuin näkymätön sähkövirta kulkee näkyväisiä sähköjohtoja pitkin, samalla tavalla tietoisuuden liekki virtaa ruumiin kanavia ja hermoratoja pitkin. Tietoisuuden leviäminen saa aikaiseksi sen, että tulemme tietoisiksi ruumiistamme. Koska tietoisuus levittäytyy eri puolille ruumista, samastumme ruumiiseen, alamme pitää ruumista Itsenämme ja näemme maailman erillisenä itsestämme. Kun harjoitamme erottelukykyä ja tulemme sen seurauksena takertumattomiksi ja luovumme siitä ajatuksesta, että 'minä olen tämä ruumis' ja kun keskittyneesti tutkimme sitä, mikä loistaa sisällämme 'Minuna', kanavissamme tapahtuu kirnuamista, Itse erottautuu niistä ja loistaa kiinnittäytyen korkeimpaan kanavaan. Kun tietoisuus pysyttäytyy ainoastaan korkeimmassa kanavassa, tuo 'solmu' katkeaa ja pysyttäydymme aina Itsenä."

— Ramana-Gita

Palattuani *ashramiin* päätin unohtaa terveydentilani ja seurata näiden *mahatmojen* neuvoa, jatkaa *sadhanaani* ja antautua. Siihen asti olin ollut kaiken aikaa sänkypotilaana. Kärsiessäni ja odottaessani aloin masentua. Mutta mikä mielenkiintoista, näin sattumalta Sri Anandamayi Man, Pohjois-Intiassa asuvan naispuolisen *mahatman* ajatelman, joka rohkaisi ja antoi elämälleni uutta suuntaa. Hän sanoi:

"Jumala itse näyttäytyy näennäisesti sietämättömän kärsimyksen seurauksena. Et voi löytää Äitiä ennen kuin sinussa herää usko, että mitä tahansa Äiti tekeekään, se tapahtuu Hänen lapsensa parhaaksi. Kun Guru on hyväksynyt opetuslapsen, hän ei koskaan hylkää tätä ennen kuin päämäärä on saavutettu. Ponnistele voimiesi äärirajoille asti, olitpa sitten miten heikko tahansa. Hänen tehtävänsä on täyttää se mikä on jäänyt täyttämättä. Pyri antautumaan ehdoitta Hänelle. Sen jälkeen vapaudut surusta, kivusta, pettymyksestä, turhautumisesta. Ehdoton antautuminen Hänelle on ihmisen paras lohtu."

– Anandamayi Ma

Pian tämä jälkeen löysin itseni Äiti Amman jalkojen juuresta. Tunsin olevani taivaassa vaikka olinkin sairas. Amman siunausten avulla sain jossakin määrin terveyteni takaisin. Saatoin tehdä paljon työtä *ashramissa*, vaikkakin monenlaisten vaikeuksien saattelemana. Hänen esimerkkinsä ja ohjauksensa avulla opin vähitellen olemaan välittämättä ruumistani niin paljon ja antautumaan Jumalan tahdolle.

Amma lähetti minut *ashramiinsa* San Franciscon lähettyville vuonna 1990. Vietin aikani pitäen *satsangeja*, laulaen *bhajaneita*, pitäen oppitunteja Amman opetuksista Intian muinaisten pyhien kirjoitusten valossa, tavaten oppilaita ja kirjoittaen kirjoja. Vaikka tämä kaikki tarkoitti jatkuvaa kamppailua, tunsin siunausta saadessani palvella Ammaa tällä tavoin. Olin siellä vuoteen 2001 saakka, mutta kaksi viimeistä vuotta olivat kauhistuttavan tuskallisia armottomien migreenikohtausten takia, jotka jättivät muut terveysongelmat varjoonsa. En kyennyt enää tekemään sitä työtä, jota varten minut oli lähetetty sinne, joten palasin Intiaan. Vieraillessaan tuossa *ashramissa* Amma oli kerran maininnut eräälle oppilaalle, että minulla oli syöpä. En kiinnittänyt asiaan paljoakaan huomiota, sillä minulla ei ollut tuossa vaiheessa minkäänlaisia oireita. Mutta kun palasin Intiaan, niskaani ilmestyi kyhmy. Se diagnosoitiin lopulta harvinaiseksi lymfoomaksi, eräänlaiseksi verisyöväksi, joka iskee imusolmukkeisiin. Lääketieteellisen kirjallisuuden mukaan siihen ei ollut tehokasta hoitokeinoa ja elinajan ennuste oli kolmisen vuotta. Kuultuani tämän olin hyvin surullinen. Sitten päätin laittaa käytäntöön sen, mitä olin siihen mennessä oppinut: antautumisen ja takertumattomuuden. Kävin läpi sen ainoan hoidon, joka oli saatavilla, steroidit, jotka aiheuttivat huomattavaa painonnousua ja lisääntyvää heikkoudentunnetta. Näin jatkui seitsemän vuotta. Suurimman osan ajasta jatkoin taistelua, tein töitä AIMS:in sairaalassa graafisen suunnittelun parissa, jota olin oppinut San Franciscossa ollessani.

Seitsemän vuoden jälkeen steroidit eivät enää toimineet ja lymfooma pääsi jälleen valloilleen. Lääkäri ehdotti nyt kemoterapiaa, jota annettiin seuraavat neljä kuukautta. Kahdeksan kuukauden lieventymisen jälkeen syöpä palasi jälleen, mutta tällä kertaa yhdeksänkymmentä prosenttisesti parannettavassa muodossa. Minun täytyi käydä läpi jälleen neljä kuukautta toisenlaista kemoterapiaa, jonka jälkeen syöpä lieveni. Tätä vaihetta on nyt kestänyt tähän asti (viisi vuotta). Valitettavasti tästä seurasi toisen jalan pysyvä turvotus.

Kaikki ongelmat, joita minulla oli kun tulin Amritapuriin vuonna 1979, ovat yhä olemassa, tosin lievemmässä muodossa. Antautumisen ja takertumattomuuden harjoittelussani ei ole koskaan ollut tylsää hetkeä. Vaikuttaa siltä, että tällainen jatkuva harjoittelu tuo vähitellen mukanaan tyyneyden ja pelottomuuden.

Eikö kyse olekin egosta, olennosta, joka samastuu ruumiiseen, huolestuu ja hermostuu? Antautuminen aiheuttaa hiljalleen sen heikkenemisen ja sammumisen.

Adi Sankaracharya, jonka *advaita vedantan* -filosofiaa, Itse-oivalluksen tiedettä, Amma opettaa, sanoo:

> "Etsiä Itseä ja helliä samaan aikaan katoavaista ruumis-ta, on kuin yrittäisi ylittää virran pitämällä krokotiilista kiinni."

> *– Vivekachudamani, jae 84*

Ken omaa niin hyvän *karman*, että haluaa paeta näennäisesti ikuista *samsaran* pyörää – elämän, kuoleman ja uudelleensynty-misen kiertokulkua – tulee ottaa vakavasti tällaiset menneisyyden tietäjien sanonnat sekä Amman antaman esimerkin ja hänen opetuksensa.

On selvää, että Amma on aina täysin tietoinen vaikeuksis-tamme, vaikka hän ei ajoittain näyttäisikään sitä. Vuosia sitten, kun *ashramin* toiminta oli vasta käynnistymässä, Amma palasi matkalta, jonka hän oli tehnyt oppilaansa kotiin, ja tuli luokseni. Hän sanoi ajatelleensa minua ja säveltäneensä silloin laulun. Se on nimeltään *Ishwari Jagadishwari*.

> Oi Jumalatar, maailmankaikkeuden Jumalatar,
> ylläpitäjä, armon ja ikuisen vapautuksen antaja,
> vapauta minut kaikista suruistani.
> Olen nähnyt maallisten nautintojen synnyttämän
> kärsimyksen, ethän anna minun kärsiä
> niin kuin yöperhonen, jonka tuli tuhoaa.
> Halun hirttosilmukka sitoo minut edestä
> ja kuoleman hirttosilmukka takaani.
> Oi Äiti, eikö ole sääli jos joku leikkii sitoen ne yhteen?
> Se minkä näemme tänään, sitä ei ole huomenna.

Oi Puhdas Tietoisuus, tämä on Sinun leikkisi.
Se mikä todella on olemassa, ei voi tuhoutua.
Kaikki tuhoutuva on väliaikaista.
Älä johdata minua väärälle polulle,
salli armosi laskeutua minuun, oi Ikuinen.
Oi Äiti, surun tuhoaja, poista kärsimykseni taakka.
Oi maailmojen Äiti, saavuttaakseni ihmiselämän
hedelmän rukoilen Sinua yhteen liitetyin käsin.
Oi maailmojen Jumalatar, Sinä joka olet
kaikkien muotojen takana,
minä kumarrun Sinun jalkojesi juureen.

Tarvitseeko kaikkien kärsiä yhtä paljon tai jopa vielä enemmän kuin minun, jos he haluavat etsiä vakavasti Itseä? En tiedä. Ymmärtääkseni jokaisella *jivalla*, sielulla on oma ainutlaatuinen polkunsa takaisin Jumalan luokse. Onnekkaita ovat he, jotka ovat turvautuneet Ammaan, joka kykenee ja myös tulee ohjaamaan heidät Päämäärään, vie se sitten miten kauan aikaa tahansa. Mitä hyvänsä meidän tuleekin käydä läpi, lapsenomainen antautuminen Gurulle on ainoa kuninkaallinen tie vapautukseen.

www.ingramcontent.com/pod-product-compliance
Lightning Source LLC
Chambersburg PA
CBHW072019060426

42446CB00044B/2822